Nadie lo hace mejor que Sam Chand, y puedo decir eso por nuestra experiencia trabajando con él en mi propia iglesia. Su reputación de ayudar a las empresas a encontrar su camino en el siglo XXI es ejemplar, y su integridad es irreprochable. Ya sea una empresa o un ministerio completamente nuevo o, como nosotros, que ha estado presente durante más de treinta años, puedo decir con confianza que hay algo transformador para usted y su organización en su libro más reciente, Piensa diferente, vive diferente.

—*Jentezen Franklin,*
pastor principal, Free Chapel
Autor de éxitos de ventas del New York Times

Los grandes líderes han dominado el arte de hacer grandes preguntas, pero los líderes legendarios como Sam Chand han dominado el arte de cuestionar la manera de pensar de los líderes. *Piensa diferente, vive diferente* no es tan solo otro libro de liderazgo. Es un viaje introspectivo de autodescubrimiento y concientización, que puede cambiarlo todo para ti y para aquellos a quienes lideras.

—*Steven Furtick*
Fundador y Pastor principal, Elevation Church

Justo cuando pensé que mi amigo, Sam Chand, había alcanzado su pináculo, él trasciende a una nueva dimensión. ¡Sam tiene una habilidad magistral de hacer preguntas penetrantes que son preguntas mejores que conducen a mejores respuestas y, en última instancia, a una vida mejor! ¡Este es mi tipo de libro! ¡Desbloqueará un futuro poderoso y latente dentro de ti!

—*Obispo Dale C. Bronner*
Autor/ fundador de Word of Faith Family Worship Cathedral

El Dr. Sam Chand es uno de los líderes más brillantes de nuestra generación y, sin duda, el libro que tienes en tus manos es una de sus obras maestras. Cada página de este libro te va a ayudar a resetear tu forma de pensar, de tal manera que tengas una perspectiva más amplia, una visión más clara y una expectativa más alta en la vida. El mensaje de este libro no podría ser más oportuno, siendo su contenido inspirador, revelador y transformador. Después del viaje de 11 jornadas por las que te llevará este libro, estoy seguro que vas a ser animado, persuadido y desafiado a pensar diferente y vivir diferente.

—*Sergio Hornung*
Pastor principal
Comunidad Cristiana Agua Viva
Lima, Perú

Millones de personas me siguen en las redes sociales. Muchos de ellos me piden consejos sobre liderazgo y desarrollo personal. Lo que ellos no saben es que el Dr. Samuel Chand es la inspiración para la mayoría de mis pensamientos y de mis clases sobre el tema. Quiero leer todo que sale del Dr. Chand, quiero seguir aprendiendo de quien puede enseñar. Chand ya vio el futuro, y en este libro nos va a mostrar en camino.

—*Tiago Brunet*
Fundador de Casa de Destino
Autor de éxitos de ventas

El liderazgo actual es retador y completamente diferente al que veíamos antes. Requiere cambios radicales en nuestra manera de pensar para crear nuevas estrategias hacia realizar nuestra visión. Muchos hemos tenido que enfrentar solos esa realidad, y formularnos nuevas preguntas para renovarnos. Sam Chand ha pensado por nosotros y ya no estamos solos; él nos da las preguntas y también las respuestas. En *Piensa diferente, vive diferente,* Sam nos trae un modelo de pensamiento para el líder que está dispuesto a poner en práctica ideas radicalmente diferentes a las que conoce, urgiéndonos a adoptar maneras de pensar más efectivas para alcanzar el éxito en todo. Como educador, líder y emprendedor, recomiendo este libro como lectura obligada para todas las generaciones.

—Otoniel Font
Pastor principal, Iglesias Fuente de Agua Viva
Autor, *El poder de una mente transformada*

Se dice de Sócrates que no era sabio porque tuviese todas las respuestas, sino porque sabía hacer las preguntas adecuadas. Si eso es así, y yo creo que lo es, al insigne filósofo le salió un digno sucesor: Sam R. Chand. Este libro nos plantea preguntas vitales y sugiere respuestas trascendentes, porque apuntan al cielo; y relevantes, porque nos hacen pisar la tierra con firmeza. He aprendido a valorar un libro no por cuánto llena mi cabeza, sino por cómo acelera mi corazón. *Piensa diferente, vive diferente* ha dado en la diana, convirtiendo las palabras en certeros disparos que llegan al corazón, inundándolo de vida.

—José Luis Navajo
Autor, *El contador de historias*

Cuando comencé a leer el libro *Piensa diferente, vive diferente* de mi amigo Sam Chand, me cautivó porque amplió mi imaginación, y me llevó a hacerme preguntas que no me había hecho. Todos estamos creciendo, aprendiendo y transformándonos continuamente, siempre y cuando nuestra forma de pensar esté evolucionando cada día. Para lograrlo, necesitamos que alguien nos muestre cómo hacerlo, y Sam lo hace magistralmente en este libro. Crecemos en nuestra capacidad de competir si estamos dispuestos a aprender. Para enfrentar el cambio es necesario reinventarnos continuamente. Sé que disfrutará cada página de este libro, y definitivamente le ayudará a desarrollar su potencial y su visión sobre la vida.

—*Sixto Porras*
Director Regional, Enfoque a la Familia
Autor, *Cree en ti*

Sam Chand sabe cómo nuestros patrones de pensamiento influyen en cada decisión que tomamos, y *Piensa diferente, vive diferente* es la prueba de que él sabe cómo ayudarnos a cambiarlos. Con las claves para disipar el pensamiento negativo y destructivo y cultivar una perspectiva positiva que da vida, Sam nos desafía y nos inspira de maneras tanto prácticas como profundas. Este libro hace algo que muchos libros prometen, pero pocos entregan, ¡cambia tu mente!

—*Chris Hodges*
Pastor principal, Church of the Highlands
Autor, *Daniel's Dilemma* y *What's Next?*

El Dr. Sam Chand es uno de los secretos mejor guardados en el desarrollo del liderazgo de esta era. En su libro más reciente, *Piensa diferente, vive diferente*, se vuelve real, cercano y personal, intencionalmente y, a veces, incómodamente, para desafiarnos una vez más con preguntas esenciales sobre quiénes somos realmente y quiénes queremos ser. Esto es más que un libro: es un manual de liderazgo práctico, innovador y aplastante para la novedad en nuestro liderazgo personal, en formas que no hemos escuchado de él antes.

—*Judah Smith*
Pastor principal, Churchome

El cambio está en el horizonte, pero no se producirá por accidente, ¡requerirá la intencionalidad de quienes lideren el camino! Como una voz de influencia en el tema del liderazgo, mi amigo, Sam Chand, te ayudará a moldear tu futuro cambiando la forma en que piensas. *Piensa diferente, vive diferente* lo desafiará a examinar sus patrones actuales de pensamiento y lo reposicionará para enfrentar el futuro con audacia.

—*John Bevere*
Autor de éxitos de ventas y ministro; Cofundador de Messenger International

Conozco al Dr. Sam Chand desde hace años, y siempre ha estado al tanto del pulso de la cultura. Su nuevo libro Piensa diferente, vive diferente, lleva eso a un nivel completamente nuevo. Sam responde a 11 preguntas de importancia crítica acerca de lanzar una nueva empresa o liderar una organización. Hable acerca de precisión. He sido productor y consultor de medios para muchas de las organizaciones religiosas y sin fines de lucro más grandes del país durante casi tres décadas, y estas son exactamente las preguntas que hacen los líderes. Consigue este libro. Te ahorrará más frustración de la que puedas imaginar.

—*Phil Cooke, PhD.*
Cineasta, escritor, consultor de medios y fundador, Cooke Media Group

Si los líderes van a involucrarse en una cultura rápidamente cambiante con impacto, tendrán que estar dispuestos a cambiar la forma en que piensan, no solo lo que piensan. El libro de Sam Chand que cambia las ideas es el que todos los líderes serios deben leer. ¡El primer capítulo ya se ha sacudido como pienso en cómo pienso! Gracias, Sam, por un trabajo tan innovador.

—*James Merritt*
Pastor y ex presidente, Southern Baptist Convention

A lo largo de la historia ha habido introducciones de "cosas nuevas" que han cambiado todo. El descubrimiento de la electricidad cambió radicalmente la forma en que vive el mundo. La invención del avión revolucionó el transporte. La creación de la computadora transformó nuestra forma de hacer negocios. Creo que la próxima "cosa nueva" traerá cambios dentro de nosotros mismos. En su libro innovador, *Piensa diferente, vive diferente*, Sam Chand esboza magistralmente el camino hacia una mentalidad cambiada y provee el catalizador para un futuro brillante. Te animo a leer y releer este poderoso libro. Cambiará todo.

—*Dave Martin*
Tu entrenador de éxito; Autor de *12 Traits of the Greats*

PIENSA DIFERENTE

VIVE DIFERENTE

SAMUEL R. CHAND

WHITAKER
HOUSE
Español

Traducción al español por:
Belmonte Traductores
Manuel de Falla, 2
28300 Aranjuez
Madrid, ESPAÑA
www.belmontetraductores.com

Editado por: Ofelia Pérez

Piensa diferente, vive diferente
Samuel R. Chand Consulting
950 Eagle's Landing Parkway Suite 295
Stockbridge, GA 30281
www.samchand.com

Publicado originalmente en inglés bajo el título *New Thinking, New Future*
Whitaker House, 2019

ISBN: 978-1-64123-315-6
eBook ISBN: 978-1-64123-316-3

Impreso en los Estados Unidos de América.
© 2019 por Samuel R. Chand
Todos los derechos reservados.

Whitaker House
1030 Hunt Valley Circle
New Kensington, PA 15068
www.whitakerhouseespanol.com

Por favor, envíe sugerencias sobre este libro a: comentarios@whitakerhouse.com.

1 2 3 4 5 6 7 8 9 10 11 ᴜᴜ 26 25 24 23 22 21 20 19

ÍNDICE

1

¿QUÉ ESTOY PENSANDO?
LA PREGUNTA SOBRE LA CLARIDAD

La clave del éxito es arriesgarse a tener pensamientos poco convencionales. La tradición es el enemigo del progreso. Si vas solo por un único pasillo de pensamiento, nunca verás lo que hay en las habitaciones que nacen del pasillo.
—Trevor Baylis

Mi forma de pensar ha cambiado con los años, y he observado el cambio aún más en el pasado reciente. Por ejemplo, no hace mucho me pidieron que hablara en un evento de dos días en el otro lado del mundo. Las personas que se reunieron conmigo me hablaron sobre la historia del evento, quién había hablado en el pasado, y cuántas personas se habían registrado para asistir. La oferta era, en todos los sentidos, extraordinariamente generosa: viaje y hospedaje en primera clase, amplios honorarios y una invitación para que mi esposa, Brenda, me acompañara a fin de poder disfrutar de unos días extra de vacaciones mientras estábamos allí.

Las personas que me invitaron no pudieron ser más generosas. Me pidieron que revisara mi calendario para ver si estaba disponible.

En su mente, me habían hecho una oferta que yo no podía rechazar. Para ellos, nuestra conversación era transaccional: querían asegurarse a un orador para el evento que habían planeado. Ellos habían hecho su tarea, leyendo sobre mí en las redes sociales y hablando con personas que me habían oído hablar. Estaban convencidos de que yo era la persona indicada para hablar en su próximo evento.

Hace unos años, habría revisado mi calendario y si la fecha estaba disponible, al instante les hubiera dicho "sí". Pero en esta época de mi vida quería pensar diferente sobre la oportunidad y hacer algunas preguntas más. Les di las gracias por su amable invitación, pero mi mente era un torbellino de preguntas sobre asuntos más allá del prestigio de hablar en su evento, el dinero que me darían y las vacaciones que disfrutaríamos Brenda y yo. Pregunté: "¿Qué esperan que suceda en las vidas de las personas que asistirán al evento? ¿Cuál será el impacto existencial a largo plazo sobre ellos?".

PENSAR A LARGO PLAZO

Pude ver que suponían que yo daría una respuesta transaccional a su oferta transaccional; se sorprendieron cuando hice más preguntas. Sentí su frustración, así que me expliqué:

"Déjenme decirles en qué momento de mi vida me encuentro. Estoy haciendo más preguntas sobre lo que escojo hacer o no hacer, y hago preguntas que son distintas a las que he hecho hasta ahora. Esto es lo que quiero saber sobre mis opciones: ¿Tendré la oportunidad de influenciar a los influyentes en cada una de mis actividades? Y ¿puedo ser parte de un *viaje* de liderazgo en lugar de solo un *evento* de liderazgo? No tengo nada en contra de los eventos, pero quiero asegurarme de que cada evento en el que participo conduzca a una influencia multiplicada. Estoy más interesado en invertir en un impacto existencial a largo plazo que solo en eventos aislados. Si digo 'sí' al evento, ¿nos comprometeremos también a una relación en la que yo trabaje con su organización para formar líderes después del evento? Entiendo que el evento me da una incursión en la organización y credibilidad ante las personas que asistan, así que el evento en sí tiene valor, pero solo tiene valor para *mí* si puedo participar con la organización para tener un impacto más profundo, más amplio y más largo. Ese es mi enfoque actualmente".

Pensé que me había explicado muy bien, pero uno de ellos inmediatamente comenzó a hablar sobre la cantidad de dinero que me estaban ofreciendo. ¡No había entendido nada de lo que les había estado diciendo! Su proceso mental aún era transaccional; hasta entonces, mi razonamiento existencial no les había marcado en absoluto. Unos años antes, las preguntas sobre el calendario y los honorarios habrían estado en lo más alto de mi lista, pero ahora esas preguntas estaban quizá en quinta o sexta posición... mientras seguían siendo el número uno y dos en la lista de esta organización.

Me di cuenta entonces de que estábamos pensando en dos longitudes de onda diferentes. Ellos intentaban cerrar un trato; yo estaba interesado en formar una relación. Ellos querían terminar nuestra conversación diciendo: "¡Hecho!". Yo quería que nuestra conversación comenzara respondiendo a la pregunta: "¿A dónde podemos ir juntos?".

Por favor, no me malentiendas: no estoy insistiendo en que ellos estaban equivocados y yo tenía la razón. Simplemente pensábamos en dos planos distintos con dos conjuntos distintos de suposiciones, dos metas distintas y dos procesos distintos para tomar decisiones. Nuestras preguntas eran fundamentalmente distintas y, para ser sincero, yo había estado hacía muy poco tiempo donde ellos estaban. Ellos buscaban metas limitadas y específicas, lo que algunos en el mundo empresarial denominan índices clave de rendimiento (ICR). Yo operaba según el concepto más amplio de objetivos y resultados clave (ORC). Estoy mucho más interesado en discutir el posible impacto de cualquier esfuerzo (p. ej., los resultados clave), que es casi siempre el resultado de las relaciones significativas.

La forma de pensar de los líderes importa, y mucho. El problema es que casi de forma universal hacemos una suposición subconsciente colosal creyendo que nuestra forma de pensar es la única forma posible de considerar nuestras situaciones. Nuestros procesos de pensamiento son tan familiares, están tan arraigados, que no podemos imaginar pensar de una forma nueva. Es como si nuestra mente tuviera instalado un software antiguo que es lento, con fallos e improductivo, pero es lo único que hemos conocido. ¡Necesitamos actualizar el software de nuestra mente! De eso habla este libro.

> NUESTRA MENTE TIENE INSTALADO UN SOFTWARE ANTIGUO QUE ES LENTO, CON FALLOS E IMPRODUCTIVO, PERO ES LO ÚNICO QUE HEMOS CONOCIDO.

¿ES POSIBLE?

¿Es incluso posible cambiar cómo pensamos? Sí, pero no es fácil. Muchas veces, nuestros patrones de pensamiento cambian cuando enfrentamos sufrimiento, fracaso o conflicto, ¡y el cambio puede que no sea productivo! La incertidumbre nos hace anhelar respuestas, pero en tiempos de dificultades, la mayoría de las personas llenan con temor y dudas los huecos en su conocimiento, en lugar de llenarlos con fe, razón y esperanza.

En gran parte, nuestros procesos de pensamiento se forman cuando somos jóvenes. Yo me crié en un entorno cristiano muy religioso en India, pero no siempre fue algo positivo. Mis padres estaban convencidos de que su visión de Dios y el camino de Dios para nuestras vidas eran los correctos, y también estaban seguros de que cualquiera que no estuviera de acuerdo con ellos estaba equivocado. Yo adopté su perspectiva. Veíamos a las personas como buenas y malas y la enseñanza como correcta e incorrecta, sin áreas grises, sin complejidades, sin rigurosas discusiones; solo una rígida certeza. Años después de llegar a los Estados Unidos, me convertí en el pastor de una iglesia igualmente estrecha y rígida teológicamente. ¡Me sentía como en casa!

Mediante una serie de eventos sorprendentes, me pidieron ser el presidente de un instituto bíblico. De repente, estaba dirigiendo a estudiantes que provenían de más de cincuenta tradiciones cristianas distintas, la mayoría de ellas distintas a la mía. Durante ese tiempo, leí un artículo que abrió nuevas puertas a un mundo de pensamiento nuevo. Decía que teníamos que entender que hay tres niveles de compromiso: con los puntos esenciales, con las convicciones y con las preferencias. Me di cuenta de que yo había puesto prácticamente todo bajo la categoría de puntos esenciales y esperaba que todos estuvieran de acuerdo conmigo. Sorpresa: no lo estaban.

Como presidente, también enseñaba algunas clases. Un día después de haber estado pensando en estos niveles de compromiso, entré en una clase de unos cincuenta estudiantes que representaban, creía yo, a unas treinta tradiciones. Les pregunté: "¿Cuáles son los temas esenciales de la fe cristiana?". Según iban verbalizando los temas, yo los iba escribiendo en la pizarra. Tras unos pocos minutos, teníamos unas treinta y cinco afirmaciones.

Entonces giré y les pregunté: "Si les pusiera una pistola en la cabeza, ¿por cuál de estos asuntos estarían dispuestos a morir?". La sala se quedó muy callada. Enseguida, algunos estudiantes valientes identificaron las pocas verdades que eran absolutamente esenciales para su fe.

Al igual que ellos, yo me di cuenta de que muchas de las cosas que parecían muy importantes hasta ese momento no eran cosas por las que yo moriría. Pocas cosas son absolutamente *esenciales* y dignas de nuestra devoción y sacrificio supremo. Algunas son *convicciones* que creemos, pero que no moriríamos por ellas. La mayoría son simplemente *preferencias*, como los estilos de música, de ropa, o la longitud correcta del sermón de un pastor (bueno, ¡eso se podría elevar a la categoría de convicción!).

> LA IDENTIFICACIÓN DE PUNTOS ESENCIALES, CONVICCIONES Y PREFERENCIAS ES ÚTIL EN CADA ASPECTO DE LA VIDA: EN CASA, EN LA EMPRESA, EN LOS VECINDARIOS Y CON LAS AMISTADES.

La identificación de puntos esenciales, convicciones y preferencias es útil en cada aspecto de la vida: en casa, en la empresa, en los vecindarios y con las amistades. Muchos conflictos acalorados se pueden evitar (o al menos evitar que la temperatura llegue al punto de ebullición) reconociendo que las personas tienen derecho a sus propias preferencias. También tenemos que dejar espacio para sus convicciones, y podemos incluso amar a quienes tienen puntos esenciales distintos, aunque estemos seguros de que los nuestros nunca cambiarán. Este conjunto de categorías fue muy útil para mis estudiantes y ha transformado también mi vida.

He aprendido a pensar de otra forma. Esta idea sencilla y a la vez profunda sobre cómo pensar, percibir y etiquetar personas e ideas, puede cambiar de forma radical cómo nos relacionamos prácticamente con todos a quienes conocemos. Estaremos más abiertos a las ideas de otros, menos defensivos sobre —al menos— algunas de las nuestras, y más dispuestos a apreciar distintas perspectivas. ¿Qué tipo de diferencia marcará esto en una plantilla de empleados o en un equipo ejecutivo a la hora de establecer metas y planificar? ¿Y en un matrimonio y en nuestras relaciones con nuestros hijos? Marca todo un mundo de diferencia, y todo sucede cuando aprendemos una forma distinta de pensar.

Los procesos y contenidos de nuestros pensamientos determinan todo: optimismo o pesimismo, persistencia o apatía, seguridad o incertidumbre, cuidado o imprudencia, y ver a las personas como bienes o verlos como amenazas. Los psicólogos de desarrollo nos dicen que nuestras percepciones se forman en los primeros años de nuestra vida. Los niños son esponjas, y absorben instintivamente las emociones, los valores y las creencias de quienes les rodean. Estos conceptos raras veces se los *enseñan* los adultos que les rodean. Los niños los *atrapan* como atrapamos los virus que hay en el aire que respiramos o en las cosas que tocamos. Algunos, a decir verdad, hemos atrapado virus de racismo, orgullo, vergüenza y xenofobia. Prácticamente todos hemos absorbido valores que son importantes para nuestras familias, pero al inspeccionarlos más de cerca, realmente no son importantes en absoluto.

Por ejemplo, Brenda y yo crecimos en continentes distintos, pero nuestras familias raras veces —si es que hubo alguna— nos servían pescado. Hasta la fecha, Brenda nunca come pescado y yo solo lo como un par de veces al año. Llevamos casados casi cuarenta años y nunca hemos cocinado un pescado en nuestra casa. Ninguno de los dos leyó nunca un artículo académico que nos indujo a evitar el pescado. Nuestros pensamientos al respecto son el producto de los mensajes (la mayoría de ellos no verbales) en nuestros hogares cuando éramos niños. Esos mensajes siguen moldeando nuestras decisiones en el presente. Nuestros puntos esenciales, convicciones y preferencias fueron firmemente implantados mediante quienes moldearon nuestros entornos en la infancia.

Esas primeras percepciones y patrones de pensamiento están profundamente arraigados en nosotros, así que son necesarios mucha sabiduría y mucho esfuerzo para cambiarlos. La mayoría de nosotros nunca hemos intentado salir de nosotros mismos para analizar cómo pensamos; sencillamente usamos el mismo software antiguo que se descargó hace muchos años.

HACER LA PREGUNTA ERRÓNEA

Casi universalmente, los líderes hacen la pregunta errónea. Suponen que su pensamiento es bueno, correcto y productivo, así que pasan a preguntar: "¿Qué voy a *hacer* acerca de esto?". En cambio, quizá deberían comenzar un paso antes y preguntar: "¿Cómo debería *pensar* acerca de esto?".

¿Qué nos impulsa a evaluar cómo pensamos? A veces, un amigo o un mentor nos ayudan a ver una situación desde un ángulo distinto que nos obliga a pensar de una forma distinta. Pero con más frecuencia, un evento catastrófico hace pedazos nuestras suposiciones más firmes sobre la forma en que debería operar la vida, y nos vemos forzados a remodelar lo que creemos, en quién confiamos y cómo pensamos. Si tienes elección, quédate con la primera opción: ¡el mentor en vez de la catástrofe! Aquellos que tenemos más cerca son los primeros en darse cuenta de que nuestro pensamiento necesita algún remedio.

Cuando yo era un niño, mis padres solo conocían una forma de disciplinarnos. Nunca habían oído acerca del "rincón de pensar"; nos daban un azote por cada ofensa. No es de extrañar que cuando nuestras hijas eran pequeñas, yo siguiera el ejemplo de mis padres. Un día, después de darle un pequeño azote a Rachel, Brenda entró en la habitación mientras Rachel salía corriendo y llorando. Mirándome con una potente mezcla de exasperación y esperanza, Brenda dijo: "Sam, ¿te has dado cuenta de que la única forma que tienes de disciplinar a las niñas es dándoles un azote?".

Fue como si me estuviera preguntando si sabía que el agua está mojada. No tenía ni idea de por qué ella me hacía esa pregunta. Por fortuna, tuve el buen sentido para responder: "No estoy seguro de entender lo que estás queriendo decir. ¿Podrías explicarme a qué te refieres?". Aquello comenzó una conversación muy reveladora sobre mi infancia y mi estrecho rango de habilidades parentales, especialmente con respecto a la disciplina; abrió una puerta a una forma nueva de pensar y responder a mis hijas. El cambio fue tan drástico como bienvenido. Todos estaban felices de que Brenda tuviera el valor de hacerme una pregunta difícil.

Tenemos patrones poderosos de pensamiento sobre muchos elementos importantes de nuestras vidas: comida, tiempo, sexo, posesiones, privacidad, ahorros, gasto, dar, deuda y muchas otras; pero no los hemos evaluado ni hemos pensado bien si aplican, ni cómo aplican, a cada una de esas áreas. Dos veces en el pasado, Brenda y yo nos extendimos mucho en la deuda de las tarjetas de crédito. Como la mayoría de las parejas, era fácil meterse en problemas y muy difícil salir de ellos, pero lo hicimos.

Algunas personas nos dijeron que el problema eran las tarjetas de crédito, pero yo sabía que no eran las culpables. El verdadero problema era humano, no plástico. Salimos de la deuda, pero seguimos usando las tarjetas de crédito. Las pagamos cada mes, así que se nos conoce como los que no pagan intereses, un apodo que estoy orgulloso de haberme ganado. Si hubiéramos culpado de nuestro problema a las tarjetas, no estoy seguro de que hubiéramos aprendido importantes lecciones acerca de cómo pensar sobre los límites del gasto.

BLOQUEOS OCULTOS

Mi amigo Edmund Chan ha observado que la mayoría de las personas, incluso las más exitosas, tenemos un torbellino de pensamientos negativos que afectan cómo pensamos, cómo sentimos, lo que decidimos y cómo nos relacionamos con las personas que nos rodean. Si esto se deja sin resolver, nos mantienen prisioneros de patrones de pensamiento defectuosos y destructivos.[1] Entre ellos se incluyen:

HERIDAS PRIMARIAS DEL CORAZÓN: "ME OFENDO"

Si estamos vivos, nos habrán herido. Hemos sido ignorados, criticados o culpados injustamente, intimidados, usados y traicionados… en muchas ocasiones. Cuando estas heridas se dejan sin sanar, sin llorar y sin perdonar, levantamos muros que impiden que alguien nos vuelva a herir. Puede que también reaccionemos de forma defensiva y airada ante lo más leve, porque nos recuerda la herida tan grave que sigue envenenando nuestro corazón.

Cuando las viejas heridas no se sanan, intentamos evitar cualquier herida nueva, pero nos mantenemos frágiles, vulnerables, y nos vuelven a herir fácilmente. Algunos intentan ser extremadamente dulces para que nadie les haga daño. Otros intentan intimidar para mantener lejos a las personas o dominarlas. Muchos se vuelven agresivo-pasivos, intentando aparentar inocencia mientras les muestran un cuchillo de venganza a quienes parecen amenazarles.

CINISMO DE LA MENTE: "DUDO"

Una colección de pequeñas heridas *erosiona* la confianza, pero incluso una sola traición importante *hace añicos* la confianza. Para protegernos, aprendemos a dudar de los motivos de otros y a sospechar de sus acciones. Pero nuestro cinismo no se detiene con

---

1. Adaptado de *Growing Deep in God*, por Edmund Chan (Singapore: Covenant Evangelical Free Church, 2008).

nuestra percepción de los demás. Muchos vivimos con una grave duda de nosotros mismos, cuestionando cada motivación, cada decisión, y culpándonos duramente por cualquier fallo percibido. El cinismo nos hace estar a la defensiva con otros, y ser brutales con nosotros mismos. El cinismo tiene un duro filo de sospecha; quiere encontrar la falta y se deleita en la condenación. El escepticismo saludable, por el contrario, es simplemente la diligencia debida; hace buenas preguntas y da la bienvenida a las respuestas sinceras.

PARÁLISIS DE LA VOLUNTAD: "NO PUEDO"

Las heridas no sanadas y una mente cínica a veces producen una exigencia imperiosa de estar en lo más alto, de ganar a toda costa, pero más a menudo resulta en el efecto opuesto: desesperanza y pasividad. Encontramos una multitud de excusas: "Soy demasiado mayor". "Soy demasiado joven". "No estoy lo suficientemente educado". "No tengo lo que se necesita". Si la persona se queda en esas excusas durante mucho tiempo, las percepciones se convierten en realidad: la desesperanza se filtra en su pensamiento y se siente totalmente incapaz. Las oportunidades no se aprovechan porque la persona no tiene la confianza necesaria para al menos intentar.

SEIS BARRERAS COMUNES

Aprendemos al identificar claramente los contrastes: escogemos *esto* en lugar de *aquello*; creemos *este* concepto porque *ese* no nos suena bien. Aprendemos a pensar correctamente solo cuando podemos identificar rápidamente los bloqueos del pensamiento productivo

> APRENDEMOS A PENSAR CORRECTAMENTE Y A VER OTRAS OPCIONES SOLO CUANDO PODEMOS IDENTIFICAR RÁPIDAMENTE LOS BLOQUEOS DEL PENSAMIENTO PRODUCTIVO Y ÁGIL.

y ágil. Solo entonces podemos ver otras opciones. Quiero señalar seis barreras comunes para el pensamiento crítico:

1. CONDICIONAMIENTO SOCIAL

Como hemos visto, nuestros pensamientos, creencias, valores y decisiones son, hasta cierto punto, producto de nuestro entorno social. Todos estamos socialmente condicionados; es inevitable. Podemos estar encerrados en nuestras percepciones basadas en la raza, religión, política, nacionalidad y cualquier otro factor concebible, hasta el equipo deportivo del que somos aficionados… y a los que no soportamos.

Los mensajes que interiorizamos encienden nuestras creencias y limitan nuestras opciones. Nos aferramos a ideas y prejuicios concretos incluso cuando encontramos una amplia evidencia contraria a ellos. Escuchamos a "expertos" que confirman nuestras inclinaciones e ignoramos a los que tienen una idea contraria. No nos podemos imaginar viviendo en ciertos vecindarios, conduciendo algunos automóviles en específico, teniendo una gama de amigos más amplia o casándonos con un tipo determinado de persona. Estoy bastante seguro de que los padres y amigos de Brenda se quedaron perplejos ¡cuando les dijo que quería casarse con un tipo de la India!

2. JUICIO INSTANTÁNEO

Basados en nuestro condicionamiento social y experiencias pasadas, prejuzgamos personas e ideas, descartando considerarlas detenidamente, cerrando conversaciones, percibiendo su valor como defectuoso, y viéndolas como enemigas de todo lo que consideramos correcto y bueno.

He observado que mientras más sirve un líder en una organización, mayor es la inclinación al pesimismo. Las viejas heridas no se han terminado de sanar, las palabras duras no se han olvidado, y la memoria de la oposición pasada aún persiste. Todo se convierte en una receta para suponer al instante que cualquier pregunta, incluso las que son sinceras y bien intencionadas, representa un ataque contra la posición y el carácter del líder.

La respuesta no es ser ingenuo. Los buenos líderes tienen una mezcla de escepticismo saludable y apertura a nuevas ideas. El presidente Ronald Reagan afirmó estupendamente su política respecto a la Unión Soviética: "Confía, pero verifica".

3. EGOCENTRISMO

En una mente ensimismada, no reflexiva y defensiva, las personas suponen que su pensamiento es siempre correcto y que el de los demás siempre es incorrecto. Esto, por supuesto, les predispone a juicios instantáneos y usan juegos de poder para dominar e intimidar a aquellos con quienes pudieran discrepar.

Para contrarrestar esta tendencia en mi vida, he aprendido a entrar a una reunión y decir: "Tengo una gran idea, pero necesito que ustedes la mejoren". Esta sencilla frase les dice a las personas de nuestro equipo que yo soy un líder que inicia nuevos planes creativos, pero también les dice que valoro a cada uno de ellos y doy la bienvenida a sus aportaciones.

4. SIEMPRE CIERTO

Algunas personas son tan inseguras que se esconden detrás de los muros protectores de la certeza absoluta. Se sienten cómodos con la complejidad y rehúsan vivir con la ambigüedad. No quieren pensar de forma abstracta; insisten en soluciones concretas, así que cada pregunta debe tener una respuesta definitiva e irrefutable. Ven a las personas como todas buenas o todas malas, totalmente leales o completamente sospechosas, y respaldan una idea, candidato u organización, o se oponen ferozmente.

Cuando yo era presidente del instituto bíblico, la plantilla de diferentes niveles a menudo me pedía que les ayudara a resolver los problemas. Aprendí a escuchar con atención y después pedirles que regresaran con tres posibles soluciones. Si les hubiera pedido solo dos, probablemente habrían regresado con una buena solución y una que obviamente era inferior. Pedirles tres les obligaba a salir del pensamiento binario y ser más complejos y profundos. A veces, realmente estiraba sus pensamientos pidiéndoles que me dieran cuatro o cinco posibles soluciones.

5. LEALTAD CIEGA

Algunas personas no quieren pensar por sí mismas, así que se creen todo lo que les digan los que están en autoridad. A fin de cuentas, presuponen ellos, esas personas llegaron a lo más alto por una razón. Puede que muestren lealtad ciega a una persona, un grupo o una institución, y no quieren escuchar si alguien tiene una visión aunque sea ligeramente crítica de esa autoridad. Con mucha frecuencia, esta respuesta es el producto de haber sido educado por padres que usaron con sus hijos más límites que amor y más demandas que bondad.

No estoy diciendo en modo alguno que el problema sea siempre culpa del líder por ejercer la autoridad. Los líderes deben dirigir. Deben hacer uso de la autoridad e influenciar para ser efectivos. El problema aquí está en la mente de los seguidores, de aquellos que no están suficientemente seguros de sí mismos como para ser objetivos y hacer buenas preguntas.

Hoy los líderes tienen que entender que distintos grupos de personas pueden referirse a cosas muy distintas con sus preguntas. Los líderes de la generación milenial se sienten muy cómodos con que otras personas en la organización pregunten: "¿Por qué?". Estos líderes saben que la persona está buscando respuestas de forma genuina. Pero los líderes de la generación *boomer* (nacidos después de la Segunda Guerra Mundial) quizá oigan la misma pregunta y la interpretan como un reto a su autoridad, respondiendo así de forma defensiva y dañando la relación. Estos líderes de más edad interpretan muy a menudo la lealtad ciega como un rasgo positivo de carácter. No lo es. Mata la creatividad.

6. ACEPTAR PARA LLEVARSE BIEN

Algunas personas evitan el conflicto a toda costa, así que no cuestionan a personas que tienen opiniones distintas, aunque no estén de acuerdo. Esta falta de participación mental casi elimina por completo la innovación. Estas personas no son ciegamente leales. Ven las fallas en sus líderes y miembros de sus equipos, pero no están dispuestos a inmiscuirse en una conversación significativa para cambiar ideas o invertir sus mejores esfuerzos en lograr los objetivos de la organización.

DERRIBAR BARRERAS

Cuando podemos identificar estas barreras en otros, podemos ayudarles a tomar mejores decisiones, encontrar libertad y servir con pasión y creatividad. Cuando identificamos esas barreras en nosotros mismos, descubrimos opciones que llevan a los caminos más desafiantes y satisfactorios de nuestra vida. De repente tenemos más opciones, más energía intelectual, y más soluciones innovadoras que nunca antes.

FUERA DEL MOLDE

He observado que los mejores líderes usan tres tipos de pensamiento: estratégico, genial y oblicuo. En la mayoría de las organizaciones, personas en distintos roles a menudo usan el pensamiento *estratégico*. Su meta es lograr una tarea, así que piensan en las preguntas básicas para asegurarse de que se cubran todas las bases. Hacen preguntas sobre *quién, qué, cuándo, dónde y cómo.*

Puede que pregunten *por qué*, o puede que no, debido a que suponen que otros ya han pensado en esa pregunta.

EL PENSAMIENTO GENIAL ES DISTINTO

El pensamiento genial pregunta: "¿Qué ocurriría si...?". Estos líderes comienzan contemplando sus opciones incluso antes de comenzar a trazar algún tipo de plan formal. Saben que tienen algunos recursos a mano y saben cómo encontrar otros recursos. Y aunque otros recursos quizá estén fuera de alcance, ellos no limitan su visión a los que pueden identificar con rapidez. Sueñan, imaginan, y visualizan posibilidades. Cuando no tienen recursos suficientes, son incluso más ingeniosos. Algunos quizá pregunten: "¿Qué es mejor, el pensamiento estratégico o el pensamiento genial?". La respuesta es "ambos". Como las dos alas de un avión, los líderes necesitan ambos tipos de pensamiento para prosperar.

> LOS LÍDERES QUE SE SIENTEN CÓMODOS CON LA AMBIGÜEDAD DISFRUTAN EL RETO DE TRAZAR UN CAMINO A TRAVÉS DE LAS AGUAS AGITADAS.

A medida que las organizaciones se tornan más grandes y complejas, los líderes tienen que adoptar el pensamiento *oblicuo*. Cuando un reto o una oportunidad llegan a sus escritorios, estos asuntos están fuera del alcance del pensamiento estratégico, y a menudo no tienen una respuesta clara que incluso busca el pensamiento genial. Llegado este punto, no hay bien o mal, blanco o negro; hay múltiples respuestas y todas tienen beneficios y riesgos potenciales. Las respuestas a estas preguntas a menudo son ambos/y (significa que se pueden aplicar varias opciones), en lugar de este/o (una entre dos opciones).

Algunos líderes están atascados en el pensamiento estratégico y les falta creatividad. Son buenos directores, pero raras veces inspiran a las personas que les rodean, y sus organizaciones por lo general se mantienen en un tamaño modesto. Los que usan el pensamiento genial están buscando fuera del molde, pero siguen esperando encontrar caminos claros hacia delante. Sus organizaciones crecen porque piensan en términos de posibilidades, no de límites.

Pocos líderes se sienten cómodos con la ambigüedad. No insisten en resultados garantizados para sus decisiones más grandes. De hecho, disfrutan el reto de trazar un camino a través de aguas agitadas. Las personas más cercanas a ellos a menudo se convierten en pensadores de tipo genial y algunos incluso aprenden a pensar de forma oblicua.

¿Qué tipo de pensador eres tú? Prosigue, estírate y crece para convertirte en un pensador de tipo genial, y quizá incluso aprendas a pensar de forma oblicua.[2]

BENEFICIOS PRÁCTICOS

Las preguntas que abordaré en este libro van quitando las capas de nuestras suposiciones y nos retan a pensar más profundamente, más claramente, y más productivamente que nunca antes. Veremos los temas fundamentales que todos los líderes abordan instintivamente, incluidos la seguridad, la ubicación, la propiedad, el equipo de trabajo, los crecimientos, y las marcas del éxito. No es fácil salir de nosotros mismos para pensar sobre pensar, pero es esencial; y los beneficios son enormes. Voy a enumerar algunos:

RECIBIRÁS NUEVAS IDEAS

Otras personas ven las cosas desde una perspectiva distinta, y eso no significa que estén equivocados ni que tengan la razón. Solamente significa que quizá tengan algo que ofrecer que no

---

2. Tres tipos de pensamiento está adaptado de "Creative Leadership", *Futuring* (Highland Park, IL: Mall Publishing), 2002, pp. 123-128.

hemos considerado antes. Cuando bajamos nuestras defensas, las ideas nuevas ya no se consideran una amenaza. Podemos vivir con matices, y la complejidad no nos agarra fuera de guardia. Se abre para nosotros un mundo nuevo de opciones.

SERÁS MÁS ACCESIBLE

El resultado de dar la bienvenida a las nuevas ideas es que las personas con esas ideas se sienten bienvenidas. Valoramos sus experiencias, sus perspectivas y sus sugerencias. Puede que tengan una forma distinta de decir lo mismo, pero su forma quizá funciona mejor con parte de su audiencia, así que aprendemos de ellos. O puede que tengan unas ideas diametralmente distintas, incluso sobre los puntos esenciales de su vida y de la fe, pero estamos lo suficientemente seguros para mantener un diálogo significativo sin demandar o intimidar. Cuando hablamos con personas que tienen una perspectiva distinta, no reaccionamos. En su lugar, decimos esas palabras mágicas: "Háblame más acerca de eso". Esta sencilla frase hace maravillas.

Cuando somos accesibles, otros lo sienten. Lo notan en nuestras señales no verbales: nuestros gestos, la expresión de nuestros ojos, nuestro tono de voz y nuestro lenguaje corporal. Se sienten cómodos siendo ellos mismos en presencia nuestra. Cuando necesitamos directrices y hay cinco personas de pie en la esquina, buscamos a la persona cuya apariencia nos dice: "Puedes preguntarme a mí. Estoy encantado de ayudarte". Cuando estamos comprando, nos sentimos atraídos al vendedor que tiene gestos abiertos y una rápida sonrisa, no al serio que tiene los labios cerrados y el ceño fruncido. Uno está feliz de enseñarnos los zapatos que estamos buscando; el otro nos hace sentir que somos una distracción inconveniente.

SERÁS MÁS PACIENTE CONTIGO MISMO

Muchos líderes andan corriendo. Tienen una visión e intentan desesperadamente mover cielo y tierra para cumplir su sueño. No son muy pacientes con otros que no están corriendo tan rápido como ellos, y no son pacientes consigo mismos. Los grandes líderes entienden que las mejores ideas, los mejores productos y los mejores resultados provienen de un proceso, un proceso que queda atrofiado por las prisas. Sí, tienen grandes planes. Sí, tienen mucho que hacer. Pero los aspectos más importantes del liderazgo (pensar y planificar) requieren que las ideas se marinen hasta que estén listas para el horno.

Yo nací impaciente. ¡Ahora es demasiado tarde! ¡Todo debería haber ocurrido ayer! Pero con el paso de los años, he aprendido a valorar el proceso de comenzar con buenas ideas, pensar en ellas, y dejar que otros piensen en ellas, hasta que se conviertan en grandes ideas.

Brenda solía frustrarme con su compromiso con el proceso. Me preguntaba cómo una sencilla pregunta podía provocar tanto pensamiento. Su silencio era ensordecedor. Con los años, ella ha aprendido a decir: "Estoy pensando". Y yo he aprendido a responder: "Lo sé".

COMUNICARÁS CON MAYOR CLARIDAD

A medida que los líderes hacen más preguntas y escuchan con más atención, entienden mucho mejor a sus colaboradores. Su mensaje entonces va más allá de hechos, para conectar con las esperanzas y los temores que han salido a la superficie en las conversaciones. Estos líderes ahora entienden no solo lo que las personas tienen que hacer, sino también cómo se sienten, lo que creen y cómo sueñan. Cuando los líderes conectan con las personas a ese nivel, aceleran la motivación y la participación.

Los mejores comunicadores "leen el salón" para observar cómo su mensaje se está escuchando. Incluso antes de eso, anticipan respuestas para así poder decir: "algunos de ustedes están pensando…" o "algunos de ustedes están sintiendo…" y "algunos de ustedes tienen estas preocupaciones…".

TOMARÁS MEJORES DECISIONES

Cuando pensamos de forma más expansiva, consideramos más opciones, involucramos a más personas, desarrollamos un mejor sistema para ordenar las ideas, y encontramos mejores decisiones para nosotros mismos y para los que nos rodean.

Mi pensamiento sobre las decisiones ha cambiado con los años. Solía preguntar de inmediato: "¿puedo hacer esto?", y después "¿cuánto costará?". He aprendido a comenzar con la pregunta: "¿a quién necesito?".

Por ejemplo, me pidieron que ayudara en la reorganización de una gran compañía nacional. La primera pregunta que me hice fue: "¿a quién necesito en mi equipo para ayudar a estos líderes a conseguir la mejor reorganización posible?". Mejores preguntas conducen a mejores resultados.

TUS EXPECTATIVAS

A todo ejecutivo se le contrata con un propósito principal: tomar las decisiones más difíciles en la organización. Ya sea el presidente de los Estados Unidos, el CEO de una empresa o el pastor de una iglesia, cada uno es contratado para tomar decisiones que resuelvan los problemas aparentemente sin solución, y para impulsar hacia delante la organización. Otros aportan ideas y proveen información, pero el ejecutivo debe tomar las decisiones finales. Las buenas decisiones, no obstante, no vienen del aire ni son el producto del azar. Son el resultado de procesos de pensamiento de alto nivel, los cuales después se pueden articular como opciones viables para que se pueda escoger la mejor de las opciones. Solo entonces el equipo pasará a la acción, implementando planes, viendo resultados tangibles y cumpliendo el destino de la organización.

Aprender a pensar, entonces, no es algo opcional para los líderes. Es nuestro llamado, nuestro desafío, nuestro rol y nuestra satisfacción. Tú puedes escoger tus pensamientos con el mismo cuidado con el que escoges la ropa que vistes. Explora tus procesos de pensamiento y desafía tus suposiciones. Cultiva nuevas formas de pensar en viejos problemas y en nuevas oportunidades. Sé suficientemente valiente para hacerte preguntas difíciles y ser un líder que se destaque por hacer buenas preguntas a otros. Adopta nuevas formas de pensar. ¡Viste tu mente a propósito!

> PARA LOS LÍDERES, APRENDER A PENSAR ES NUESTRO LLAMADO, NUESTRO DESAFÍO, NUESTRO PAPEL Y NUESTRA SATISFACCIÓN.

Si aprendes a pensar mejor, serás un mejor líder. Te lo garantizo. Hazte un experto en hacer preguntas penetrantes. Si nadie te dice nunca: "Nadie me había hecho antes esa pregunta", tienes que aprender a profundizar más. Si te conviertes en una persona que piensa con más claridad, expansivamente y con agilidad, también serás un mejor líder, orador, cónyuge, padre y amigo.

Permíteme ser muy práctico contigo ahora. El pastor Craig Groeschel es un magnífico líder. En una conferencia dio una charla sobre "Romper barreras con cambios de mentalidad". Él habló de la necesidad de pensar diferente acerca de una gama de temas importantes, incluyendo la cultura organizacional, la programación, el propósito y las limitaciones. Su primera recomendación para implementar estos principios fue: "Busca a alguien que vaya uno o dos pasos por delante de ti y aprende cómo piensa. La mayoría quiere aprender qué es lo que esa persona hace, no lo que piensa".[3]

Ese es mi consejo para ti: si quieres ser un mejor líder, invierte tiempo y energía en ser un mejor pensador. Pero has de saber que progresarás más si tienes un coach, un mentor o un amigo sabio que vaya por delante de ti. Apóyate en esa persona, ábrete a sus sugerencias y sé consciente de que estar incómodo con el progreso es algo muy normal.

En los siguientes capítulos haré otras diez preguntas cruciales más. Me he hecho esas preguntas a mí mismo, y me han ayudado a crecer. Confío en que a ti te suceda lo mismo.

Al final de cada capítulo encontrarás también algunas preguntas para estimular tu pensamiento y enfocarte en su aplicación. Úsalas para una reflexión personal y discusiones con tu coach. También puedes usarlas como una guía para discusiones en grupo con tu equipo.

---

3. Citado por Will Mancini, "Groeschel on Thinking Different: Culture, Programming & Mission", htpps://www.willmancini.com/blog/groeschel-on-thinking-different-culture-programming-mission.

PARA PENSAR...

1. ¿Estás de acuerdo o en desacuerdo con el punto de que prácticamente todos hacemos suposiciones colosales como base de nuestro pensamiento? Explica tu respuesta.

2. ¿Cómo te ayuda diferenciar entre puntos esenciales, convicciones y preferencias? ¿De qué forma el hacer que prácticamente todo sea un punto esencial es algo que inevitablemente conduce al conflicto?

3. ¿Por qué los mensajes que absorbimos en nuestra infancia están tan arraigados y son tan difíciles de cambiar?

4. Mira las tres suposiciones negativas: "Me ofendo", "Dudo" y "No puedo". ¿Cuál de ellas tiene el mayor impacto en tu pensamiento y en tu vida? Describe el impacto que ha producido.

5. ¿Cuál de los beneficios de pensar mejor es más atractivo para ti? Explica tu respuesta.

6. ¿Cómo te ayudaría pensar con más profundidad y claridad si tuvieras un mentor que estuviera un paso o dos por delante de ti en esta búsqueda? ¿Quién podría ser esa persona en tu vida?

7. ¿Por qué estás leyendo este libro? ¿Qué esperas sacar de él?

2

¿CÓMO SABRÉ SI SOY EXITOSO? LA PREGUNTA SOBRE LOS PUNTOS DE REFERENCIA

Como el éxito, el fracaso es muchas cosas para muchas personas. Con una actitud mental positiva, el fracaso es una experiencia de aprendizaje, un peldaño en la escalera y una planicie en la que ordenas tus pensamientos a fin de prepararte para intentarlo de nuevo.
—W. Clement Stone

El Sendero de los Apalaches ofrece una de las caminatas más populares y desafiantes de América. Sus 3519 kilómetros recorren el este de los Estados Unidos, desde Springer Mountain, en Georgia, hasta el Monte Katahdin, en Maine. Por el camino, el Servicio Forestal de los Estados Unidos ha construido doscientos cincuenta lugares con albergues permanentes, pero los senderistas pasan la mayoría de las noches en tiendas. Cada año, más de dos mil personas comienzan la ruta y unos cientos hacen el recorrido completo. Si le preguntamos a un senderista en la parte norte de Springer Mountain cómo define el "éxito", podría dar varias respuestas. Podría decir: "Cuando esté de pie en la cima del Katahdin dentro de unos meses", o quizá diría: "Espero recorrer cien kilómetros al final de esta semana", o podría encogerse de hombros y sonreír: "Si llego al primer campamento antes del anochecer, me daré por satisfecho".

La gran mayoría de las personas que hacen senderismo en el Sendero de los Apalaches tienen metas limitadas. Miran sus mapas oficiales y encuentran una buena ruta de quince kilómetros para un día o quizá de cuarenta kilómetros para un fin de semana de tres días. A los que tienen la meta más alta de hacer todo el recorrido del sendero se les conoce como "senderistas". Algunos de ellos tienen serias dudas de sí mismos al principio, pero dan ese primer paso. Muchos más están afectados por la posibilidad de tener que detenerse por una torcedura de tobillo, una enfermedad, saber que se les necesita en casa o descubrir que el agotamiento del senderismo sobrepasa al romance del viaje que anhelaban encontrar.

En sus meditaciones personales sobre las glorias y dificultades de recorrer "el SA", Maggie Wallace destaca que la preocupación de no terminar puede robar a las personas el gozo del viaje. Ella escribe:

> Estábamos tan ensimismados con la pregunta: "¿Qué sucederá si no lo termino?", que casi teníamos miedo de divertirnos. El SA no es tu trabajo, y nadie puede decir nada que cambie eso.

Hay una mínima parte de la naturaleza humana que busca derribar a las personas fuertes porque interpretamos su éxito como una ofensa para nuestra propia ineptitud. Las palabras de las personas que sucumben a esto no tienen peso en ti, así que no dejes que los puntos de referencia arbitrarios de nadie determinen tus acciones. No importa si comienzas el sendero sin estar en forma o sin experiencia en el senderismo. Tú eres la única persona que puede decir si va a terminar o no.

Si creyera lo que dicen las personas, no estaría de pie en Springer.[4]

El mismo principio es cierto en cada aventura en nuestra vida. Sí, tenemos una meta final, pero hacemos más progreso cuando disfrutamos de cada paso del viaje en vez de preocuparnos sobre eventos y resultados que están en un futuro demasiado lejano. Tenemos que celebrar los puntos de referencia progresivos del éxito, de modo que tengamos ánimo para continuar avanzando hacia el éxito supremo.

PEQUEÑOS MOMENTOS DE LA VIDA

> TENEMOS QUE CELEBRAR LOS PUNTOS DE REFERENCIA PROGRESIVOS DEL ÉXITO, DE MODO QUE TENGAMOS ÁNIMO PARA CONTINUAR AVANZANDO HACIA EL ÉXITO SUPREMO.

Mi amigo Daniel Floyd, pastor de la Iglesia Lifepoint en Fredericksburg, Virginia, tiene algunas buenas observaciones sobre los pasos hacia delante tan a menudo desapercibidos, pero vitalmente importantes. Él observa que nadie presta mucha atención a una primera cita, pero la boda es una gran celebración. Nadie se levanta y aplaude cuando pasamos horas estudiando, pero acuden a nuestra ceremonia de graduación. Muy pocas personas nos dan palmaditas en la espalda cuando ahorramos algo de nuestro sueldo, pero

---

4. "11 things I wish I'd known before hiking the Appalachian Trail", Maggie Wallace, Matador Network, 25 de julio de 2014. https://matadornetwork.com/sports/11-things-wish-knew-hiking-appalachian-trail.

todos llegan a celebrar con nosotros cuando tenemos dinero suficiente para pagar el anticipo de compra de una casa nueva.

Los líderes "pueden pensar que la vida se trata toda ella sobre los hitos o los grandes momentos, pero realmente se trata de los pequeños momentos que finalmente nos llevan a los grandes momentos", dice Daniel. "Para llegar ahí se necesita compromiso con poner el esfuerzo para ir al siguiente nivel. Es la disposición de hacer lo que sea necesario para ser un mejor líder y una mejor persona, y para hacer esas cosas cuando nadie está aplaudiendo."

Daniel apunta a las indicaciones de Dios para los hijos de Israel cuando se preparaban para entrar en la Tierra Prometida (ver Éxodo 23). Dios dijo que los guiaría paso a paso y zona por zona para expulsar a los habitantes de Canaán. Cada movimiento hacia delante requería un nuevo aluvión de compromiso y esfuerzo. El paso firme y lento del éxito fue una forma de la gracia de Dios para ellos. Como le explicó Dios a Moisés:

> *Sin embargo, no los desalojaré en un solo año, no sea que, al quedarse desolada la tierra, aumente el número de animales salvajes y te ataquen. Los desalojaré poco a poco, hasta que seas lo bastante fuerte para tomar posesión de la tierra.*
>
> (Éxodo 23:29-30)

Dios estaba diciendo a los israelitas que no podrían manejarlo si les diera demasiada tierra muy pronto. Para los israelitas y para nosotros, la dedicación que reunimos y la sabiduría que obtenemos en el viaje son el modo en que Dios nos prepara para los siguientes pasos que damos.[5]

La Biblia nos ofrece lecciones que siguen siendo aplicables a la vida hoy.

---

5. "Starting Small and Finishing Strong", Daniel Floyd, Pastor principal de Lifepoint Church, Martes con Sam Chand, http://tuesdayswithsamchand.com.

TRES PREGUNTAS CRUCIALES

En mis conversaciones con líderes, he aprendido a hacerles tres preguntas: sobre su sueño, su proceso y su vara de medir.

1. ¿DONDE ES "AHÍ"?

He descubierto que muchos líderes tienen dos postes para sus metas. Los empresarios me hablan en una conversación sobre ganancias proyectadas, pero unos meses después me hablan más acerca de abrir tiendas en nuevas ubicaciones. Los pastores a menudo me dicen que quieren que sus iglesias crezcan, pero los números que dan a menudo parece que los han sacado del sombrero. No estoy intentando ser crítico con los sueños de los líderes, pero tarde o temprano (preferiblemente temprano) los sueños necesitan adoptar formas más concretas. Si los líderes no pueden definir su objetivo final, se frustrarán, y su comunicación con otros será en cierto modo confusa. Se requiere trabajo para pensar con detenimiento y profundidad en dónde está el "ahí" en los sueños de un líder, pero es esencial para que todos sepan bien claro hacia dónde se dirige la organización.

2. ¿CÓMO SABRÁS QUE ESTÁS AHÍ?

Los líderes a menudo hablan sobre "más": más ingresos, más tiendas, más productos, más clientes o incluso más personas desarrollándose como líderes emergentes. Todo esto es bueno, pero ¿qué significa "más"? Todo lo importante en la vida tiene un número: Seguridad Social, presión sanguínea, ritmo cardiaco, casas y apartamentos, matrículas en los automóviles, etc. La meta más alta y mejor de una organización quizá incluye números, pero es algo más que cuántos dólares, lugares y narices. No hay nada malo en las cifras, pero no son suficientes. Se trata del impacto: ¿qué diferencia marcará alcanzar los puntos de referencia en la comunidad y en todos los que se involucren?

3. ¿CUÁLES SON LOS PUNTOS DE REFERENCIA INTERMEDIOS DE PROGRESO?

Estos puntos de referencia pueden ser distintos a lo que uno podría esperar. Por ejemplo, cuando un líder empresario tiene la meta de desarrollar a su equipo de trabajo para que la empresa pueda ampliarse sobre los hombros de hombres y mujeres que compartan su visión, puede buscar a quienes llevan ideas a las reuniones de equipo y convertirlas en algo más de lo que él esperaba. Estas personas están yendo por encima y más allá.

Un punto de referencia de progreso no es tener nombres en cada cuadro del organigrama de la empresa. El verdadero progreso se muestra cuando hay más personas deseosas y preparadas para el siguiente puesto más alto en la escalera, que los puestos que quedan disponibles. ¡Ese es el punto de referencia que debemos buscar! Otro punto de referencia podría ser más empleados que estén equipados, involucrados y entusiasmados por ser voluntarios en la comunidad, o por decidir mejorar su preparación académica. Este compromiso dice mucho sobre la cultura de la organización y dice algo sobre el líder.

Para las iglesias, otros puntos de referencia pueden ser matrimonios más fuertes (revelado por menos separaciones y divorcios), más personas alcanzando una educación académica superior, un menor índice de desempleo entre los feligreses, más programas de alcance comunitario de compasión para "los más desfavorecidos", y ser una población respetada de la comunidad, lo cual se demuestra mediante los oficiales de la ciudad, los departamentos de policía y bomberos, escuelas y agencias privadas que vean al pastor y la iglesia como un recurso confiable.

En otras palabras, si el departamento de policía local necesita ayuda para recaudar fondos para comprar cámaras de espionaje, ¿acuden a tu iglesia para pedir ayuda? Si el departamento de bomberos quiere cubrir un área para proveer información o suministros, ¿acude a tu iglesia para pedir ayuda? Si el alcalde tiene un conflicto en una parte de la ciudad, ¿acude a ti y a tu iglesia para que le ayuden a reducir la tensión y resolver el problema? Cuando catástrofes como huracanes, tornados o incendios devastan hogares y familias, ¿pueden los líderes de la ciudad contar con tu iglesia? Estos y otros muchos escenarios son síntomas de que la iglesia está teniendo un impacto profundo.

LA CONFUSA PARTE INTERMEDIA

Muchos líderes han observado que la parte más dura del viaje hasta llegar a sus sueños no es el comienzo ni el final. El comienzo está lleno de energía, esperanza y entusiasmo; el final es una gran celebración, a veces acompañado de agotamiento. La parte intermedia es el problema. Es el tiempo en el que el entusiasmo ha declinado y las dificultades han salido a la superficie. Las personas, a veces líderes, se preguntan si están en el camino correcto, si cumplirán las metas, y si vale la pena todo el esfuerzo. Ya se ha empleado una cantidad tremenda de esfuerzo y dinero, pero el nuevo lugar todavía no se ha abierto, el nuevo producto aún está en desarrollo, el nuevo software aún tiene fallos, el dinero no se ha recaudado por completo, y las personas se preguntan si el líder está haciendo algo al respecto. Al principio, todos están motivados; al final, habrá una fiesta. Pero en la parte intermedia, los líderes hábiles saben que necesitan continuamente inyectar una motivación fresca porque se ha atrofiado,

> EN LA PARTE INTERMEDIA DEL VIAJE ES CUANDO EL ENTUSIASMO DECLINA Y SALEN A LA SUPERFICIE LAS DIFICULTADES.

y necesitan celebrar cada paso gradual para que las personas no pierdan el enfoque.

Todo proyecto o producto importante, o quizá la meta de ampliar a X número de tiendas o restaurantes adicionales, tiene un programa con un comienzo emocionante, una parte intermedia ambigua y un final de celebración. Como líderes, somos sabios si ponemos puntos de referencia intermedios claros y alcanzables que saquen lo mejor de cada persona. Tenemos que trabajar especialmente duro en la parte intermedia de un proyecto para mantener el ímpetu.

También podemos aplicar este principio al desarrollo personal para nosotros mismos y para quienes nos rinden cuentas. Los líderes son mejores poniendo metas que la mayoría de las personas, con lo cual ya tienen una ventaja. Pero todos somos muy humanos y estamos sometidos al mismo patrón de empezar fuertes, atascarnos en el medio y ser tentados a rendirnos antes de alcanzar nuestra meta. Tenemos que seguir inyectando motivación y celebraciones del progreso gradual a medida que avanzamos con nuestras finanzas, nuestro peso, nuestro conocimiento de temas importantes, nuestro matrimonio, nuestra relación con nuestros hijos y todos los demás aspectos importantes de nuestra vida. ¡Cuidado con la pérdida de ímpetu entre el entusiasmo del comienzo y el alcance de la meta!

La ambigua parte intermedia puede ser un lugar peligroso. Si no prestamos atención, el desánimo puede robarnos el entusiasmo, y después la apatía y la confusión se adentrarán en nuestro estilo de vida y nuestras organizaciones, y perderemos nuestra innovación. La mayoría de las empresas y organizaciones que están fracasando comienzan a morir unos dos años antes de aparecer las señales obvias del declive. Como un árbol con hongos en sus raíces, lo visible puede continuar pareciendo sano incluso cuando la enfermedad lo está matando. Las organizaciones fuertes y vibrantes son lideradas por personas que regularmente podan las partes muertas o en proceso de morir, fertilizan a menudo para estimular el crecimiento, y añaden continuamente el agua de la visión y el ánimo. Crean una cultura que puede soportar ciclos de altibajos, expandir y profundizar las líneas del liderazgo, e introducir un entusiasmo fresco mediante una visión renovada del futuro.

CONFÍA EN TU INSTINTO

Algunos somos altamente intuitivos; algunos son más analíticos. De hecho, las decisiones más importantes de nuestra vida las tomamos por "instinto", y no por nuestro razonamiento: con quién nos casamos, la elección de nuestra carrera, la casa que compramos o rentamos, el automóvil que conducimos, la iglesia a la que vamos, el doctor que visitamos, las vacaciones que tomamos y los restaurantes que frecuentamos. Estas elecciones tienen una pizca de razonamiento, pero tomamos esas decisiones principalmente por lo que sentimos, por intuición. La persona a la que pedimos que dé el panegírico en nuestro funeral quizá sea nuestro mejor amigo, que conoce nuestro corazón, en vez del pastor de la iglesia. El amigo quizá no lo articule tan bien, pero estamos convencidos de que nos representará bien.

Piensa en esa vez en la que sopesaste los pros y los contras de una decisión importante. Algo dentro de ti quizá gritaba: "¡No! ¡No lo hagas!", pero tu razonamiento te impulsó a seguir adelante, y después te diste cuenta de que tu instinto estaba en lo cierto. Algunas personas insisten en que no deberíamos actuar en base a nuestros sentimientos, pero nuestros sentimientos e intuición son parte de la naturaleza que Dios nos dio. Sin duda, no deberíamos depender solamente de nuestros sentimientos, pero son más importantes, y más precisos, de lo que la mayoría de las personas se imaginan.

Las personas en tu comunidad toman decisiones sobre tu empresa u organización en base principalmente a sus sentimientos. En un artículo titulado "Confía en tus sentimientos, ahora más que nunca", Robert Safian, editor de *Fast Company*, escribe:

> El negocio no siempre se trata de números. En realidad, raras veces es así. Se trata de personas y de emoción. ¿Qué ocurre con los dólares? ¿El movimiento de efectivo? ¿El precio compartido? No te engañes. Esos son los subproductos, los resultados. Cualquiera que sea verdaderamente sofisticado en los negocios reconoce esta verdad esencial.

Safian describe algunos fallos colosales cuando las compañías no conectan emocionalmente con sus clientes, y enumera algunos éxitos sensacionales cuando fueron más allá de la razón para proveer productos y servicios para suplir necesidades reales en partes desatendidas de la comunidad. Él concluye:

> ¿Qué hace que la "marca" sea tan importante? Describe la conexión emocional que los clientes, empleados, socios, reguladores y todos los demás tienen con una organización. Hubo un tiempo en el que una marca se podía construir independientemente de un producto, de las condiciones de trabajo en las instalaciones, del impacto medioambiental y cultural. Esos días se han terminado. Hoy, una marca defiende algo, orgánicamente, reflejado en la participación en las redes sociales y el diálogo social. Nada está aislado o fuera de límites, ni siquiera la política o la religión. La carga sobre los líderes empresariales ha crecido, y también lo ha hecho la oportunidad.[6]

---

6. "Confía en tus sentimientos, ahora más que nunca", Robert Safian, *Fast Company*, 14 de agosto de 2017, https://www.fastcompany.com/40437744/trust-your-feelings-now-more-than-ever.

Cuando estamos en medio de un viaje, nuestra mente quizá nos diga que nos retiremos, pero nuestro instinto nos recuerda que vale la pena. Y durante el viaje, tenemos que recordar que no somos los únicos que dependemos de que nuestros sentimientos nos den señales de significado y dirección. Las personas en nuestros equipos, nuestros clientes, nuestros voluntarios y las personas de nuestra comunidad también toman sus decisiones en base a sus sentimientos. Somos sabios en conectar *nuestro* propósito y nuestra pasión con *su* propósito y su pasión.

CONGRUENCIA ORGANIZACIONAL

La falta de congruencia organizacional es otro tipo de lodazal, pero se puede evitar pensando, planificando y comunicando mejor. La congruencia es la alineación de la visión y los valores del líder con la visión y los valores del comité, el equipo de liderazgo, y toda la organización. Cuando está presente, cada actividad (planificar, presupuestar, selección de personal y entrenamiento, e implementación de proyectos, productos y servicios) avanza conjuntamente para cumplir los objetivos marcados. Cuando esto está sucediendo, las personas saben dónde está el "ahí", saben qué tipo de impacto producirá llegar "ahí", y tienen unos puntos de referencia intermedios claros que les mantienen motivados durante el periodo intermedio del viaje.

Demasiadas veces he sentido o visto agendas divergentes en las organizaciones. Me reúno con el líder y oigo una visión clara y atractiva de hacia dónde ha de ir la organización, pero cuando me reúno con los directivos, las personas del equipo ejecutivo o la plantilla de personal, recibo un cuadro ligeramente distinto, o algunas veces, un cuadro radicalmente distinto. En estos casos, es fácil imaginarse por qué las personas están confusas y por qué existe el conflicto. ¡Las personas están remando en direcciones distintas!

Congruencia no significa que todo el mundo siempre esté de acuerdo y que no haya espacio para el pensamiento creativo. El dar y tomar ideas de modo saludable es uno de los valores corporativos más importantes. El equipo ejecutivo, la plantilla, los trabajadores y los voluntarios, todos tienen que dar sus mejores ideas y sus mejores sugerencias. Cuando se toma una decisión, tienen que dar su mejor esfuerzo para conseguir la meta. El éxito será esquivo, y la vida será un trabajo monótono, si el líder y el resto de la organización no están en la misma página.

La creatividad es uno de los síntomas más importantes de una organización saludable, pero las ideas, los procesos y los productos innovadores tienen que evaluarse para ver si reflejan la visión y los valores de la organización, o si están ligeramente desviados. Los líderes experimentados y sabios saben que no pueden y no deben

> **EL ÉXITO SERÁ ESQUIVO SI EL LÍDER Y EL RESTO DE LA ORGANIZACIÓN NO ESTÁN EN LA MISMA PÁGINA.**

implementar todas las grandes ideas. Algunas son congruentes, pero otras no. En cada conversación sobre el futuro, debe estar presente el tema de la congruencia organizacional, al menos en el pensamiento del líder y a menudo en medio de la conversación con el equipo. Cuando pensamos correctamente, vemos los intercambios inevitables para cada decisión. Cuando lanzamos un nuevo esfuerzo, casi siempre tenemos que dejar otro de lado.

En un artículo titulado "La ventaja de un intercambio", el cofundador de Basecamp, Jason Fried, comenta:

Al forzar un intercambio en cada nuevo "sí", te arrinconas a ti mismo para considerar el valor de algo. Y solo cuando valoras algo como corresponde, es que puedes tomar una mejor decisión sobre lo que vale la pena seguir. Te fuerza a reconsiderar: ¿Sigue valiendo la pena hacerlo? ¿Nos iría mejor haciendo otra cosa? Ese es un sano ejercicio a realizar de vez en cuando. La verdadera prueba de lo mucho que quieres algo es si estás dispuesto a dejar otra cosa para hacer espacio.[7]

Cada "sí" está embarazado de un "no". Cada decisión tiene un costo. Considera el costo de un "sí" y un "no".

La visión y los valores se deben comunicar constantemente. Si no, la atención de las personas variará hacia lo tangible y fácilmente medible: los números. Los mejores líderes corporativos continuamente dirigen a su grupo hacia una visión mayor, metas más altas, y valores más importantes:

- Al final, quieres tener beneficios, pero ese no es el sentido de la vida. —Daniel Lamarre, Cirque Du Soleil.

- Para ser verdaderamente exitosas, las compañías deben tener una misión corporativa mayor que conseguir beneficios. —Marc Benioff, Salesforce

- Tenemos que llevar a este mundo de nuevo al sano juicio y poner el bien común por delante del interés propio. —Paul Polman, Unilever

- Esencialmente, estar a favor del beneficio crea la oportunidad de hacer un bien mayor. Y el éxito financiero en cuanto a los beneficios con una conciencia social tiene una mayor credibilidad con sus iguales, influenciando potencialmente

---

7. "The Upside of a Tradeoff", Jason Fried, Unc., 1 de noviembre de 2017, https://www.scribd.com/article/361827441/The-Upside-Of-A-Tradeoff.

acciones de otros empresarios. —Brian Walker, Herman Miller

+ Cuando estás rodeado de personas que comparten un compromiso apasionado en torno a un propósito común, todo es posible. —Howard Schultz, Starbucks

+ Así como la gente no puede vivir sin comer, una empresa no puede vivir sin beneficios. Pero la mayoría de la gente no vive para comer, y tampoco las empresas deben vivir solo para hacer dinero. —John Mackey, Whole Foods

+ El dinero no motiva ni a las mejores personas, ni lo mejor de las personas. Puede mover el cuerpo e influenciar la mente, pero no puede tocar el corazón ni mover el espíritu; eso está reservado para las creencias, los principios y la moralidad. —Dee Hock, Visa

+ La gente quiere que le vaya bien y hacer el bien. Quieren entender cómo están marcando una diferencia en el mundo. Las cosas cambian constantemente, pero el propósito de su organización trasciende cualquier producto o servicio individual. —Mark Winberger, EY, antigua Ernst & Young

+ La verdadera meta de lo que estamos haciendo es tener un impacto positivo en el mundo. —Ed Catmull, Pixar[8]

LO FUNDAMENTAL

Para no dar la impresión de que los líderes siempre deben tener su mente en las nubes de los propósitos trascendentes, permíteme regresar a la tierra. Para cada asunto de la agenda a tratar en una reunión del equipo, las personas no deberían levantarse de la mesa hasta que no se definan tres cosas: quién, qué y cuándo. O dicho todo junto: ¿quién hace qué y para cuándo?

---

8. Estas frases y otras están citadas en "The Purpose Efect: Inspiring Quotes about a Higher Purpose", 7 de mayo de 2016, http://www.danpontefract.com/inspiring-ceo-quotes-about-a-higher-purpose.

He visto a líderes comunicar apasionadamente una nueva idea y al final, mirar a sus equipos y preguntar: "¿Están todos de acuerdo? ¿Lo entienden?". Todos asienten y mascullan sus afirmaciones, pero no sucede nada porque no se tratan esos tres fundamentos. La responsabilidad de todos no es la responsabilidad de nadie.

> PARA CADA ASUNTO DE LA AGENDA A TRATAR EN UNA REUNIÓN DE PERSONAL, PREGUNTA SIEMPRE: "¿QUIÉN HACE QUÉ Y PARA CUÁNDO?".

Cuando veo que esto ocurre, le pregunto en privado al líder: "¿Puedo decirle en una frase todo lo que hubiera aprendido en una maestría? Le garantizo que hará que usted y su equipo sean mucho más productivos". Él o ella inevitablemente quieren saberlo y digo: "Para cada punto que quiera lograr, pregunte: '¿Quién hace qué y para cuándo?'. Antes de pasar de un punto al siguiente, haga esta pregunta y resuelva estos asuntos. Si lo hace, su personal tendrá dirección y usted tendrá confianza en que las cosas se harán. Si no lo hace, le puedo asegurar que harán muy poco, si es que hacen algo".

Para algunos líderes, ¡este es un concepto revolucionario! Nunca antes lo habían usado y nunca lo habían visto usar. Esta pregunta de "¿Quién hace qué y para cuándo?" transforma al instante la intención del líder de delegar la ejecución de la idea, y las convierte en instrucciones claras y sin confusión para los miembros de su equipo y para él mismo. Dar una responsabilidad a un *grupo* raras veces funciona. Cada tarea la debe hacer suya un *individuo*, el cual ciertamente puede incluir la participación de otros, pero esa persona es finalmente la responsable. "Quién" es responsabilidad, "qué" es claridad, y "cuándo" es la fecha límite.

LO *MÁXIMO* DE TU JUEGO

Cuando hago consultoría con líderes, a menudo es útil señalarles tres áreas distintas de su pensamiento. Para ser exitosos, tienen que ser competentes al menos en las tres. La mayoría de ellos destacan en una o dos, pero muy pocos destacan en todas. Yo les digo: "Esto les ayudará a jugar a lo MÁXIMO de su juego". Vemos las áreas *tácticas*, *organizacionales* y *personales* de su liderazgo.

TÁCTICAS

Muchos líderes son sobresalientes a la hora de pensar, planificar y delegar. No les importa "sumergirse en la maleza" de sus organizaciones. Esta área aborda:

- Finanzas
- Instalaciones
- Implementación del desarrollo de liderazgo
- Reclutamiento y equipos
- Modos de comunicación
- Planificación
- Reportes

Cada una puede haber comenzado como un concepto abstracto en la mente del líder, pero pronto adopta una forma concreta con una dirección clara, tareas y fechas límite. Esta es la visión en zapatillas de deporte.

ORGANIZACIONALES

Antes de desarrollar los planes tácticos, los líderes conceptualizan su dirección. Aquí es donde los sueños toman forma. Ellos saben que su visión no sucederá por sí sola, así que crean un vehículo que los lleve hasta allí. El vehículo es el organigrama organizacional, los productos y procesos, los valores y la cultura. En esta área de pensamiento, la selección de liderazgo y las estrategias de desarrollo son cruciales. Estas se implementarán tácticamente, pero se conceptualizan globalmente. Yo les digo a los pastores: "Una iglesia saludable está guiada por el pastor, impulsada por la plantilla de personal, empoderada por el comité e informada congregacionalmente". El mismo concepto de cuadro general se puede aplicar a las empresas y las organizaciones sin fines de lucro.

PERSONALES

Algunos líderes están tan dedicados a sus metas organizacionales que son negligentes con su propia salud emocional y relacional, y no dedican tiempo y recursos al desarrollo personal. Al comienzo, puede que hayan encontrado un amigo o dos con una visión similar, y comenzaron su compañía en un garaje o un salón. Tras un tiempo, el crecimiento ha agravado exponencialmente las demandas de su tiempo, su energía y sus talentos. Para mantenerse sanos, o volver a estar sanos, los líderes tienen que hacerse algunas preguntas clave:

+ ¿Quién sostiene mi escalera? ¿A quién debo tener sosteniendo mi escalera?

+ ¿En qué áreas estoy creciendo? ¿En qué áreas estoy estancado o retrocediendo?

+ ¿Dónde tengo que involucrarme más? ¿De dónde tengo que desconectarme?

+ ¿Qué habilidades tengo que mejorar?

+ ¿Qué estreses tengo que observar y reducir?

+ ¿Qué dolores no han sido sanados aún?

+ ¿En qué medida el dinero (o la falta del mismo) me está suponiendo una presión?

+ ¿Cuánto tiempo y energías paso intentando resolver los mismos problemas una y otra vez?

+ ¿Qué personas y actividades son las más satisfactorias?

+ ¿Qué personas y actividades son las más agotadoras?

+ ¿Cuáles son las fuentes necesarias y regulares de ideas y ánimo fresco?

+ ¿En qué medida estoy escuchando realmente cuando otros me están hablando?

+ ¿En qué medida soy auténtico y en qué medida estoy desempeñando un papel?

+ ¿Quién es un amigo con el que pueda ser sincero y con el que pueda contar?

Todos tenemos agujeros en nuestro liderazgo. A fin de cuentas, todos somos completamente humanos. Nuestro éxito muy a menudo está limitado por nuestra ineptitud (o poca disposición) para ser objetivos acerca de nuestras fuerzas y los déficits de nuestros planes tácticos, organizacionales, personales, y su implementación. Hacer preguntas difíciles nos invita a detenernos y pensar. Pensar con más claridad es esencial para un buen liderazgo.

LA BRECHA DE SABIDURÍA

Prácticamente en todas las organizaciones que he visto durante muchas décadas, he observado que la brecha entre el CEO, o pastor principal, y el siguiente nivel de liderazgo es siempre importante, y a menudo enorme. Los líderes de alto nivel crecen en su sabiduría y habilidades sencillamente despertando y comprometiéndose con su trabajo. Están obligados a tener conversaciones de alto nivel, tener pensamientos de alto nivel, y tomar decisiones de alto nivel. Escuchan podcasts que les retan y leen libros inspiradores. Se reúnen con líderes del más alto nivel en sus comunidades y en todo el mundo. Crecen sin tan siquiera hacer el esfuerzo.

En el nivel que les sigue a ellos, los líderes están enfocados en implementar tareas que les fueron asignadas en reuniones del equipo ejecutivo. Son principalmente hacedores, no pensadores. Están consumidos por los pensamientos tácticos, planes y actividades. Sus reuniones, almuerzos y relaciones son con personas de su nivel y por debajo de ellos. Si están automotivados, escuchan podcasts y leen libros, pero su enfoque es fundamentalmente distinto al del líder de alto nivel. Las personas de este nivel son implementadores.

> LOS LÍDERES DE ALTO NIVEL CRECEN EN SU SABIDURÍA Y HABILIDADES SENCILLAMENTE DESPERTANDO Y COMPROMETIÉNDOSE CON SU TRABAJO.

Una y otra vez, los líderes de alto nivel mueven sus cabezas y me dicen: "¡Estoy cansado de tener que pensar todo yo!". Estos líderes a menudo no se dan cuenta de que las personas que les rinden cuentas están cansadas de hacer todo. A medida que crece la organización, la brecha entre los líderes de alto nivel y los líderes del segundo nivel a menudo se hace incluso más ancha. No es realista que los líderes de alto nivel eliminen la brecha del todo, pero pueden estrecharla. Permíteme ofrecer algunas sugerencias:

- Para que las tareas sean claras, a fin de reducir la tensión, para cada asunto de la agenda el líder debe preguntar: "¿Quién hace qué y para cuándo?".

- Cuando el líder de alto nivel lee un libro inspirador en particular, puede recomendar al equipo que lo lea y hablar juntos acerca del libro.

+ Cuando el líder lea un artículo o escuche un podcast que inspire visión o provea pasos prácticos hacia el progreso, puede enviar el enlace al equipo.

+ Cuando el líder se inscriba en una conferencia, puede llevarse al equipo, y después ellos pueden charlar sobre la misma para que todos estén en la misma página.

+ El líder puede programar tres reuniones al año (solo reuniones, no retiros) para hablar específicamente sobre ayudar a todos los del equipo a crecer en el pensamiento organizacional y así estrechar la brecha de la sabiduría.

+ El líder puede dedicar una hora cada seis meses a cada persona del equipo para hablar sobre dos cosas: las habilidades ejemplares y obvias de la persona, y cualquier cosa que le esté limitando para superarse aún más.

+ El líder puede contratar a un coach personal para pasar tiempo con las personas del equipo y equiparlos, afirmarlos y ayudarlos a crecer.

+ Una vez al año, el coach personal del líder puede reunirse con el equipo para animarlos e indicar formas en las que pueden trabajar juntos más eficazmente.

+ Para ser más accesible y auténtico, durante quince minutos en cada reunión de personal, el líder puede compartir perspectivas personales, esperanzas y luchas.

Estas son formas muy sencillas, pero eficaces, para cerrar la brecha de la sabiduría... pero solo si se utilizan.

Cada vez que hacemos una compra importante para nuestra casa u oficina, recibimos un manual del usuario. Lavavajillas, microondas, televisores, juegos, automóviles, impresoras y computadoras, todos las traen. Un amigo me regaló un bolígrafo que era tan complicado ¡que venía con instrucciones!

He sugerido a algunos líderes que creen un manual del usuario para que su equipo sepa cómo relacionarse entre ellos y estrechar la brecha aún más. Ellos se lo han dado a sus plantillas y han dicho: "Así es como pueden sacar el máximo partido a sus relaciones conmigo". A algunos de mis clientes les escribí un "manual del usuario" que el CEO usó para ayudar a su equipo. Incluye estos componentes:

1. Así es como pienso…

2. Así es como quiero que se hagan las cosas…

3. Así es como pueden darme diplomáticamente nuevas ideas…

4. Así es cómo y por qué asciendo a las personas…

5. Así es como mido el éxito…

6. Estas son las personas a las que presto más atención…

7. Esto es lo más importante para mí…

8. Así es como me relaciono con mi familia…

9. Así es como pueden decirme que quieren irse y formar su propia compañía u organización…

10. Así es como pueden decirme que sencillamente quieren irse…

11. Si tienes un problema conmigo, así es como puedes acercarte a mí…

12. Si tienes un problema con tu trabajo, así es como lo puedes manejar…

13. Así es como respondo cuando tú no eres responsable…

14. Así es como respondo cuando cometes un error sin intención…

15. Así es como puedes respetuosamente discrepar conmigo…

16. Así es como me comunico con más eficacia…

Mi amigo Rob Ketterling, pastor de la Iglesia River Valley, en Minneapolis, Minnesota, ha ampliado este breve bosquejo para preparar a su equipo para conversaciones sobre sacar lo máximo de su relación con él. Piensa usar esta guía "práctica" para abordar nuevas contrataciones y también equipar a su equipo para que se relacionen con él con mayor eficacia.[9]

Te sugiero que busques al menos un par de horas para repasar con tu equipo tu propia guía del usuario. Necesitarás mucho tiempo para explicar tus puntos, ¡y ellos querrán hacer muchas preguntas! Casi siempre será revelador para ellos y probablemente será igual de revelador para ti porque te darás cuenta de lo poco que te han entendido.

> LOS MIEMBROS DE TU EQUIPO NO PUEDEN LEER TU MENTE, NI DEBERÍAN IMAGINAR CÓMO TE SIENTES.

¿Crees que las personas de tu equipo pueden leer tu mente? No pueden. ¿Crees que deberían haberse imaginado cómo te sientes y cómo responses a distintas situaciones? No es así. Gran parte de la brecha de sabiduría nace de la ignorancia creada por la falta de comunicación. Tú no la cerrarás; de hecho, no querrás cerrarla por completo, pero puedes reducir la brecha para que ellos te entiendan mucho mejor de como lo hacen ahora. Quizá el mejor entrenamiento que puedes darle a tu equipo es enseñarles a pensar con más eficacia sobre sus roles, sobre el equipo de trabajo y sobre ti como su líder.

---

9. Ver el Apéndice.

PARA PENSAR

1. Para tu organización, cómo responderías a estas preguntas:

   › ¿Dónde está el "ahí"?

   › ¿Cómo sabrás cuándo has llegado ahí?

   › ¿Cuáles son los puntos de referencia intermedios de tu progreso?

2. ¿Cuáles son algunas estrategias a usar para que tú y tu equipo no pierdan el enfoque durante "la confusa parte intermedia" entre el comienzo y el final de un proyecto?

3. ¿Estás de acuerdo o en desacuerdo con la frase: "Tu instinto es más listo que tu cabeza"? ¿Cuándo ha sido esto verdad para ti? ¿Cuándo confiar tan solo en la razón te ha causado algún problema?

4. ¿Cuáles son algunas formas en las que puedes saber si tu organización tiene congruencia? ¿Y si no la tiene?

5. ¿Cómo les ayudaría a ti y a tu equipo si cada asunto de la agenda tratado, fuera seguido de tu pregunta: "¿Quién hace qué y para cuándo?".

6. ¿Cuál de las sugerencias sobre cerrar la brecha de la sabiduría te ayudará a liderar con más eficacia? ¿Cuáles crees que serán los resultados para tu equipo y para ti?

3

¿DE QUIÉN ES ESTA ORGANIZACIÓN? LA PREGUNTA SOBRE LA PROPIEDAD

Une los puntos entre los papeles individuales y las metas
de la organización. Cuando las personas ven esa conexión,
reciben mucha energía del trabajo. Sienten la importancia,
dignidad y sentido en su trabajo.
—Ken Blanchard

Mi amigo Mike Robertson y yo nos encontrábamos en Johannesburgo, Sudáfrica, para un evento. El día antes de una comida formal, Mike se dio cuenta de que no había metido en su maleta los zapatos correctos para la ocasión. Me preguntó si me gustaría ir con él de compras. Yo estaba seguro de que sería mucho más que un mero paseo de compras, así que accedí a ir con mucho gusto.

Caminamos hasta un centro comercial cercano a nuestro hotel y entramos en una tienda de ropa de caballeros. Vi muchos zapatos que pensaba que eran perfectamente aceptables, pero mediante un proceso de deducción lógica, enseguida concluí que Mike tenía en mente un tipo muy específico de zapato: negro con sombras de marrón y dos hebillas en un lado. Él era muy específico, y parece que los zapatos eran particularmente difíciles de encontrar. Fuimos de tienda en tienda, pero ninguna tenía lo que él quería. A esas alturas, las tiendas ya estaban cerrando, pero Mike aún estaba sin zapatos. Yo me divertía al seguirlo de cerca y verlo examinar cada zapato de la ciudad... o al menos eso me parecía.

Cuando las tiendas ya estaban cerrando las puertas o bajando los cierres frontales, Mike finalmente vio en el escaparate de una tienda los zapatos que había estado buscando. La vendedora ya había cerrado la puerta de la tienda y estaba cambiando el letrero de "Abierto" a "Cerrado". Mike llamó a la puerta para llamar su atención. Habló lo suficientemente alto para que ella le oyese: "Sé que está cerrando, pero ¿podría ver esos zapatos?". Señaló al par en el que tenía puesta su mirada. Era su última oportunidad.

La señora sonrió, abrió la cerradura y también la puerta, y dijo: "Venga, entre".

Durante un largo rato, ella sacó diferentes números del estilo para que Mike se los probara. Él no tenía prisa, y era obvio que la señora no estaba enojada por tener que quedarse un rato más de su hora de cierre. Los dos estaban contentos y enfocados en encontrar exactamente los zapatos que Mike quería.

Tras un buen rato, mientras Mike se probaba otro par de zapatos más, le dije a la vendedora: "Déjeme adivinar. Usted es la dueña de esta tienda, ¿verdad?".

Ella me miró un tanto sorprendida y preguntó: "¿Cómo lo ha sabido?".

"Oh", respondí yo. "Es obvio."

Si hubiera sido una empleada, habría estado mirando el reloj para ver cuántos minutos pasaban ya del horario de cierre; habría ignorado la súplica de Mike de abrirle, o le habría dicho: "Tendrá que regresar mañana".

La perspectiva de un propietario es muy distinta a la de un empleado. Un propietario piensa: *Haré lo que sea necesario para que este negocio funcione.* Pero un empleado quiere hacer el menor trabajo posible con los mínimos inconvenientes, y aun así que le paguen. Los propietarios entienden que otros dependen de ellos para recibir su salario, pero los empleados se ven a sí mismos como seguidores, no como líderes que toman el mando para beneficio de otros.

PENSAR COMO PROPIETARIOS

Cuando me reúno con líderes de empresas, ejecutivos, empleados y voluntarios, busco personas que piensen como propietarios, no como empleados. Eso puede parecer confuso, ya que la mayoría de las personas que trabajan en las empresas son empleados, y quienes sirven en iglesias son miembros del equipo o voluntarios. Pero estoy definiendo el término en general. Según mi definición, los "propietarios" son *personas que tienen un interés establecido en la misión de la organización.* Superan ampliamente los requisitos mínimos para terminar un trabajo. Se interesan, dedican su tiempo y su pasión, y no están satisfechos fácilmente. Mediante esta definición, cada persona puede "poseer" la visión, la misión y las metas.

> NUESTRA TAREA COMO LÍDERES ES TRANSFORMAR A LOS EMPLEADOS PARA QUE PIENSEN COMO PROPIETARIOS, SE INTERESEN COMO PROPIETARIOS E INVIERTAN SUS TALENTOS COMO PROPIETARIOS.

Los "empleados" no piensan como propietarios. Ellos tan solo se aparecen por sus propios beneficios, se quejan cuando las cosas no les gustan y hacen lo mínimo (o menos) de lo que se espera de ellos. Los propietarios aportan más de lo que las personas podrían esperar; los empleados aportan lo menos posible.

Muchos empleados están enfocados en tareas repetitivas estrechamente definidas; a menudo no ven cómo encaja su parte en la misión general de la organización. Un empleado tiene un trabajo limitado y específico que desarrollar, pero un propietario tiene una amplia responsabilidad para que la organización avance. Nuestra tarea como líderes, entonces, es transformar empleados en propietarios. Cada persona que es parte de nuestra empresa puede pensar como un propietario, interesarse como un propietario e invertir sus talentos como un propietario.

Permíteme dar un par de ejemplos.

He estado en muchas iglesias donde quienes dan la bienvenida, los acomodadores, los técnicos de multimedia, maestros y cuidadores de niños aparecen fielmente, pero no conectan los puntos entre lo que hacen y las personas que acuden a la iglesia cada semana. Pero conozco algunos pastores sobresalientes que se ponen la meta de convertir a todas esas personas en propietarios. Crean oportunidades para explicar a los voluntarios cómo su servicio tiene un impacto profundo en las personas y les ayudan a crecer en su fe.

He visto a algunos líderes de empresas que eran brillantes y competentes, pero por distintas razones desarrollaron una mentalidad elitista. Quizá se sienten superiores porque han llegado muy lejos desde abajo, o quizá creen que inherentemente son mejores que otros. ¿Quién sabe? Ellos asignan tareas específicas y les dicen a las personas de sus equipos que se concentren en su único cometido en la máquina corporativa. En estas empresas, las personas creativas y apasionadas se sienten restringidas y poco apreciadas, y anhelan saber que su contribución es importante. Pero también he conocido algunos altos ejecutivos cuya filosofía de liderazgo es inculcar visión y pasión desde la suite ejecutiva hasta el mostrador de recepción. Pasan tiempo imaginándose lo que motivará a cada persona para que dé lo mejor de ella para cumplir la misión de la compañía, y dedican mucho tiempo a cultivar esa visión en todos. Hacen un gran trabajo convirtiendo empleados en hombres y mujeres que han entendido el corazón del líder, y se han convertido en propietarios de las metas de la compañía.

No basta con pagar a las personas un salario justo por su trabajo y darles las gracias por su servicio. Los grandes líderes enseñan a todo su personal el valor de la visión. Impartir esta perspectiva requiere tiempo y habilidad. Uno de los roles más importantes del liderazgo es mover a las personas más allá de meramente terminar tareas para que estén empoderados para llevar a cabo esas tareas con una mayor visión, pasión y creatividad.

OBJETIVOS Y RESULTADOS CLAVE

Anteriormente hablé del valor de crear objetivos específicos y resultados clave (ORC) para las personas en cualquier organización. Estos documentos tomarían el lugar de las descripciones de trabajo normales que usan la mayoría de las empresas, a veces llamados índice de rendimiento clave (IRC). Por su propia naturaleza, los ORC fuerzan a las personas a pensar de manera más profunda y amplia que la lista de tareas a menudo asociada con las descripciones de un trabajo. Hay una gran diferencia entre las descripciones de trabajo y las responsabilidades del trabajo. Si pensamos de forma más amplia, veremos que algunas personas necesitan descripciones de trabajo detalladas, pero todos tienen responsabilidades del trabajo. La pregunta es: si cada persona no hace su trabajo, ¿qué es lo que *no* se hará?

En una descripción de trabajo, el éxito se logra mediante la comprobación de asuntos terminados que se tachan de una lista, a menudo sin referencia al impacto de esas tareas en metas mayores de la organización. Los ORC identifican responsabilidades. Unen los puntos entre el papel que cada persona tiene asignado, y la misión general y motivadora de la compañía. Cada actividad, por lo tanto, es parte del todo común, y cada actividad se puede ver como crucial para cumplir con el propósito de la organización. Con los ORC hay menos empleados y muchos más propietarios. Los líderes unen continuamente los puntos para cada persona. Quienes siguen teniendo una perspectiva limitada pueden recibir una atención adicional para corregir su pensamiento, o quizá tengan que encontrar otra compañía donde los líderes quieran personas que lleven a cabo tareas limitadas en vez de que piensen y actúen como propietarios.

Los líderes ciertamente pueden comunicar los objetivos de las responsabilidades de cada persona: estas son las tareas específicas que hay que realizar. Pero deberían ir más allá y enumerar los resultados clave: el impacto que esos roles tendrán en la organización. Un asistente administrativo tendrá una lista detallada de tareas y un diagrama de flujo de cómo los documentos y otra información deben manejarse, pero se convertirá en un propietario cuando el líder se asegure de que el asistente entienda la importancia de ese trabajo para todos los que están involucrados. El *objetivo* es mover la comunicación eficazmente; los *resultados clave* son hacer que la organización sea más poderosa y eficaz en las vidas de los clientes.

¿De quién es esta organización? ¿Quién es el propietario? En las organizaciones más saludables, aquellas en las que los líderes están pensando con precisión, todos son propietarios, o están en el proceso de ser un propietario. Cuando esto sucede, el principal objetivo de cada persona cada día ya no es solo hacer dinero, sino marcar una diferencia, hacerlo bien mientras hacemos el bien.

Muchos líderes se entusiasman cuando algunos de los miembros de su plantilla actúan como propietarios, pero eso no es suficiente. Si todos los demás se ven como empleados que solo están terminando tareas limitadas, el líder terminará empleando una cantidad enorme de esfuerzo para producir resultados frustrantes. El líder debe crear una cultura en la que todos los empleados entiendan que lo que hacen tiene un profundo impacto en la organización. Si sienten que lo que hacen tiene valor y sentido, se reflejará internamente y con sus clientes.

> CUANDO LOS EMPLEADOS TIENEN UNA MENTALIDAD DE PROPIETARIO, SU PRINCIPAL META NO ES TAN SOLO HACER DINERO, SINO MARCAR UNA DIFERENCIA.

En una iglesia, incluso los que son servidos pueden convertirse en propietarios cuando sienten que todos trabajan y oran juntos por un propósito más alto. Los que llegan nuevos quizá les dicen a sus vecinos: "¡No te vas a creer lo que viví el domingo pasado en la iglesia! ¡Estoy deseando volver!". Quizá no puedan expresar los detalles de una cultura de propietario, pero eso es lo que sintieron cuando entraron por la puerta.

Cuando los pastores inculcan un sentimiento de propiedad en su equipo, las inversiones económicas se convierten en una señal reconocible de que las personas han aceptado como suya la visión de la iglesia. Dan porque creen en la misión. Hoy, muchas personas entran y salen de las iglesias sin aterrizar en una porque no hay nada que conquiste su corazón. No dan porque no se sienten conectados.

Casi todos los líderes han empleado una cantidad de tiempo considerable en crear una declaración de visión, la cual ven como convincente. Desde mi punto de vista, una visión es solo convincente cuando las personas a lo largo y ancho de la organización se consideran una parte integral en el cumplimiento de la misma. Si siguen siendo observadores despegados que participan solo en unas cuantas actividades, tendrán una perspectiva miope y muy poca pasión. Pero si están convencidos de que su contribución de tiempo y habilidades ayuda a impulsar la organización para que cumpla sus metas, estarán muy motivados. Demasiados líderes pasan más tiempo trazando la declaración de visión que inculcándola en las vidas de las personas en la organización.

No sucede de forma natural o sencilla. Comunicar los valores clave de la organización es una labor de amor para capturar los corazones e inspirar una viva curiosidad en las mentes. Requiere mucho esfuerzo, pero valdrá la pena. La responsabilidad del líder no es solo trazar la visión, ni es solamente comunicar la visión. La responsabilidad mayor del líder es impartirla de forma tan eficaz, que la mayoría de las personas tengan el gran deseo de cumplirla.

Una buena declaración de visión nunca tiene que ver con el producto o el servicio; se enfoca en los beneficios para el cliente, creando una comunidad y añadiendo valor a las vidas de las personas. Una forma fácil de saber si la persona es propietaria o empleada es preguntándole: "¿Qué les pasaría a la organización y a las personas si tú no cumplieras con tus responsabilidades?". Si no lo saben, tienen una respuesta vaga o su respuesta tiene que ver solo con impacto sobre ellos, son empleados. Pero si sus ojos se abren y dicen: "Bueno, tendría un efecto dominó. Esto no ocurriría y aquello no sucedería, y la visión se vería afectada. ¡No podemos dejar que eso ocurra!". Esta persona tiene el corazón y los procesos mentales de un propietario.

INSTANTÁNEA

Vemos un destello del corazón de los líderes cuando les oímos decir un discurso para reclutar nuevos miembros para la plantilla de personal. Si habla a los posibles nuevos contratados como si fueran miembros de la familia, el líder es un propietario que ya está lanzando la visión para que esa persona se convierta también en un propietario. Pero si el líder solo habla sobre las tareas a llevar a cabo y el dinero, siendo ambas cosas importantes, pero no lo más importante, el líder está pensando como un empleado y está reclutando personas para que sean solo empleados.

Los líderes empresariales con la mirada puesta en un futuro mejor y más grande, ven potencial en otros. Se imaginan a alguien sirviendo eficazmente en esta función o aquella, y se emocionan lanzando una visión de cómo la persona puede tener un mayor impacto. Ven más allá de su propia función; tienen en mente el cuadro general, así que siempre están buscando a otros que se adueñen de una parte de la visión.

Los mejores líderes viven para un propósito mayor que las estadísticas. Los números importan, pero solo si reflejan un impacto significativo. Estas personas no son defensivas o posesivas; están contentas de compartir el poder porque saben que necesitan a otros para llevar a cabo el bien más alto. Y están contentos de compartir la toma de decisiones porque han aprendido que otros tienen grandes ideas. No estoy sugiriendo un proceso de toma de decisiones confuso. Cuando me reúno con mi equipo, les digo: "Yo tomaré la decisión final, pero quiero escuchar sus ideas primero. Tráiganme su mejor aportación y veremos adónde nos lleva".

Las personas que piensan como propietarios están ansiosas de compartir el mérito porque siempre han compartido los riesgos y las responsabilidades del resultado. Cuando algo no funciona, no compiten por la posición para poder culpar a otra persona. Se dan cuenta de que todos participaron en la decisión y el proceso, así que todos pueden aprender algo de los resultados.

En todos los niveles de una empresa, los líderes que están cautivados por el propósito de la organización piensan regularmente en la sucesión. Se imaginan quién les reemplazará, y hacen un trabajo incluso mejor. La sucesión no se trata solo de la salida de una persona y la entrada de otra; se trata de la sostenibilidad de la organización. Así, alguien del equipo de bienvenida se da cuenta cuando otros establecen contacto visual y una respuesta amistosa. Un gerente busca personas que estén deseosas de aprender nuevas habilidades y llevarse bien con otros. Los voluntarios para el cuidado de niños observan cuando un padre está especialmente interesado en cómo funciona la clase.

En cada ámbito y en cada nivel, los empleados tienen miopía y solo ven su tarea de hoy. Los propietarios tienen un microscopio y un telescopio, y ven el potencial en personas específicas que captan su atención y miran el futuro para reconocer necesidades mucho antes de que esas necesidades salgan a la superficie. Saben que parte de su responsabilidad es encontrar personas sobresalientes que expandan la obra en el presente y la continúen en el futuro.

Cada líder que he conocido afirma al instante ser un propietario, pero muy pocos tienen la meta intencional de hacer que cada persona en su empresa sea un propietario. Estoy convencido de que mucho del letargo y el conflicto que tienen que soportar los líderes con su equipo de trabajo es el resultado directo de que esas personas están actuando como empleados en lugar de como propietarios. En organizaciones que comparten poder, toma de decisiones y mérito, las personas son más flexibles y más creativas; necesitan menos control y hacen más cosas; y sacan lo mejor de las personas porque a ellas realmente les encanta lo que hacen cada día. Estas personas piensan y actúan como propietarios solo porque su

> ESTAS PERSONAS PIENSAN Y ACTÚAN COMO PROPIETARIOS SOLO PORQUE SU LÍDER CREÓ EL ENTORNO Y COMUNICÓ TENAZMENTE LOS VALORES DE LA ORGANIZACIÓN.

líder creó el entorno y comunicó tenazmente los valores de la organización. Es así de simple, y así de importante.

CREAR CONEXIONES

¿Qué es lo que convierte a los empleados en propietarios? ¿Qué pueden hacer los líderes para motivar a su personal a compartir su visión y su pasión? Algunos estamos cansados de intentar conectar con nuestro equipo ejecutivo o miembros de nuestra plantilla, así que vamos directamente a los que son más maleables: nuestros trabajadores de primera línea o clientes. Sin embargo, no motivaremos a las personas de nuestro equipo si los pasamos por alto. Solo les convertiremos en propietarios si dedicamos tiempo a conocerlos, descubrir sus deseos, y mostrarles cómo la visión de la organización les ayudará a cumplir sus sueños.

En un artículo para la revista *Inc.*, el emprendedor Gary Vaynerchuk explica su secreto para motivar a las personas que trabajan para sus empresas. Él insiste: "Los trabajadores son más importantes que los clientes", y explica: "Al expandir dos empresas desde los 3 millones de dólares de ingresos hasta los 60 millones, cada una en menos de cinco años, he aprendido que la felicidad y el bienestar del empleado está antes que cualquier otra cosa, incluyendo conseguir nuevos clientes".

Muchos altos ejecutivos, observa Vaynerchuk, se quejan de que su personal no está tan comprometido con la compañía como ellos. Cree que esa es "una expectativa ridícula", pero no abandona su compromiso de motivarlos para que se involucren en la compañía lo máximo que puedan. Usa un proceso de "ingeniería inversa". En vez de decirles lo que quiere de ellos, les pregunta qué esperan ellos de la compañía. Explica: "Cada persona tiene motivaciones (o pasiones) distintas, así que uno tiene que usar sus oídos y escuchar: ¿Cuál es su ambición? ¿Qué quiere hacer esta persona con su vida?". Al mantener estas conversaciones, descubrió deseos poderosos que no habría descubierto si solo hubiera enviado correos electrónicos actualizando la declaración de visión, y animando a las personas a trabajar más.

Según crecían sus empresas, Vaynerchuk se dio cuenta enseguida de que no se podía reunir con cientos de personas, pero se aseguró de que sus ejecutivos de mayor nivel siguieran su modelo de construir y profundizar las relaciones. De esta forma, cada miembro de un equipo y cada nuevo contratado obtiene una atención personal, y cada uno tiene la oportunidad de hablar con un ejecutivo para conectar sus esperanzas y sueños con la visión de la organización.

Vaynerchuk concluye:

> Me identifico como un CEO orientado a los Recursos Humanos. Progreso bajo la presión de tener toda la empresa sobre mis hombros, y siento la responsabilidad de mantener contentos a mis trabajadores no como grupo, sino como individuos. Desarrollo mis relaciones con mis empleados y dedico tiempo a aprender lo que más se requiere de mí como su CEO, porque eso dará como resultado que ellos cuidarán de la empresa. Se trata de construir confianza, y la confianza hay que ganársela. Dedique sus esfuerzos a mantener contento a su equipo de trabajo, y crecerá más rápido.[10]

Los trabajadores representan la cultura y la marca de la organización: ellos son la publicidad más eficaz para su salud y su visión. La marca no es el logo o la página web; es la actitud de las personas que están conectadas integralmente con la organización. La fuente de crecimiento no son los clientes. Las empresas crecen porque las personas que están comprometidas con los valores y la visión se

10. "Employees Are More Important Than Clients", una entrevista con Gary Vaynerchuk, *Inc.*, 31 de mayo de 2016, https://www.inc.com/magazine/201606/gary-vaynerchuk/prioritizing-employee-happiness.html.

deshacen de todos los impedimentos para llegar a nuevas personas. Las actitudes y acciones de los trabajadores, miembros de la plantilla, y voluntarios atraen o repelen, y raras veces tienen un impacto neutral.

Los trabajadores no aceptan la visión del líder porque reciben actualizaciones regulares o se sientan en reuniones. Un compromiso apasionado con una visión se imparte mediante una cercana interacción con un líder dedicado y entusiasta. Tu personal nunca será tan dedicado y enfocado como tú, pero si entiende que te interesas genuinamente por ellos y sus sueños, entenderán que sus sueños son coherentes con los tuyos, y se convertirán en propietarios. Invierte tiempo en conocerlos. Descubre lo que les emociona y les hace ser creativos. Conecta la pasión de ellos con tu visión.

> UN COMPROMISO APASIONADO CON UNA VISIÓN SE IMPARTE MEDIANTE UNA CERCANA INTERACCIÓN CON UN LÍDER DEDICADO Y ENTUSIASTA.

PARA PENSAR

1. Describe la diferencia en cómo define este capítulo "propietarios" y "empleados".

2. ¿Cuáles son algunos de los beneficios de conectar objetivos (los principios básicos de un trabajo) con resultados clave (el impacto multiplicado de ese trabajo), en vez de darles a las personas una descripción de las tareas a realizar en un trabajo dado?

3. ¿Has trabajado en alguna organización donde la mayoría de las personas pensaban y actuaban como empleados? ¿Cómo afectaba eso a las relaciones y la productividad?

4. ¿Has trabajado con algún líder que creara una visión atractiva y la expusiera de forma atractiva para que las personas tuvieran deseos de contársela a otros? ¿Cómo afectó eso las relaciones y la productividad?

5. Escribe un plan para conectar con los sueños de los miembros de tu plantilla para que puedas transformarlos de empleados a propietarios.

6. ¿Qué pasos de progreso buscarás?

4

¿QUIÉN SOY YO?
LA PREGUNTA SOBRE LA IDENTIDAD

Lo que piensas importa más que cualquier otra cosa en tu
vida; más que lo que ganas, más que dónde vives,
más que tu posición social y más que lo que cualquier otra
persona piense acerca de ti.
—George Matthew Adams

Me reúno con algunos de los líderes más exitosos en los Estados Unidos y en todo el mundo. Tienen talentos increíbles y han visto un crecimiento asombroso en sus organizaciones. Pero cuando retiro algunas capas de sus obvias competencias, a menudo observo una similitud impactante: muchos de ellos viven con una importante medida de inseguridad. Aparece en forma de comparaciones, competencia, y destellos de duda de sí mismos. He aprendido a reconocer este rasgo en los líderes, a menudo enterrado, pero común, porque yo mismo he batallado con ello.

Parece que raras veces estamos satisfechos. Las personas con piel oscura (como yo) desearíamos tener la piel un poco más blanca, pero los que tienen la piel más blanca a veces gastan mucho dinero y tiempo en conseguir un bronceado. Las personas con el cabello liso quieren tenerlo rizado, y los que tienen rizos quieren tener el cabello liso, pero la mayoría de los calvos ¡desearían tener cualquier tipo de cabello! Tengo un amigo que lleva un peluquín. Me temo que es algo demasiado obvio, pero a él no le importa. Se ríe, diciendo: "Lo que Dios no ha originado yo me lo he comprado".

LA BÚSQUEDA DE SEGURIDAD

Todos de manera instintiva nos hacemos la penetrante pregunta: "¿Quién soy?". No obstante, pocas personas consiguen respuestas que satisfagan. Todos tenemos un inestimable valor, pero seguimos buscando seguridad en otra cosa, ¡en cualquier cosa!

- Anhelamos que nos vean como exitosos y nos acecha la posibilidad del fracaso.

- Vivimos para la afirmación y languidecemos cuando se nos ignora o critica.

- Admiramos a personas que tienen riqueza y nos sentimos desanimados, incluso expuestos como fracasos, porque nosotros no tenemos tanto.

- Pensamos que el siguiente peldaño hacia arriba en la escalera finalmente nos dará la realización que anhelamos… y lo hace, durante unos días, y después nos volvemos a sentir vacíos e impulsados otra vez.

- Comparamos el tamaño de nuestra organización con las de nuestros iguales. Nos sentimos superiores a algunos e inferiores a otros, pero el orgullo y la vergüenza son malas fuentes de identidad.

Todos estos anhelos prometen llenar el hueco que hay en nuestro corazón y finalmente poner el sello de validez en nuestra vida. Prometen la luna, pero nos dejan con las manos llenas de polvo.

Irónicamente, la experiencia de éxito, fama, riqueza y crecimiento organizacional no cambia necesariamente la percepción que una persona tiene de sí misma. Conozco a personas que han logrado todas esas cosas y siguen sintiendo que necesitan demostrarse algo a sí mismos construyendo una casa más grande, conduciendo un automóvil más nuevo, llevando la ropa más fina y teniendo las vacaciones más lujosas. Intentan enmascarar sus inseguridades e intentan desesperadamente impresionar a las personas, así que siempre se están publicitando.

Por favor, no me malentiendas. No hay nada de malo en el éxito, el placer, la aprobación o el poder, mientras estas cosas no nos definan. Cuando son productos de una vida vivida con un corazón lleno de gratitud y la seguridad del amor ilimitado de Dios, podemos disfrutarlas plenamente y compartir nuestra abundancia con otros.

> LA EXPERIENCIA DE ÉXITO, FAMA, RIQUEZA Y CRECIMIENTO ORGANIZACIONAL NO CAMBIA NECESARIAMENTE LA PERCEPCIÓN QUE UNA PERSONA TIENE DE SÍ MISMA.

Cuando nos reunimos con personas, por lo general preguntamos: "¿Y a qué te dedicas?". Algunos quizá estamos genuinamente interesados en la otra persona, pero la mayoría, si somos tremendamente sinceros, estamos midiendo nuestra autoestima (y quizá nuestro valor neto) en base a la persona que tenemos delante. En cuanto la persona nos dice cuál es su rol o profesión, de manera instintiva cambiamos a modo análisis: ¿cuánto dinero gana? ¿Cómo se compara eso con mi sueldo? ¿Qué puedo yo permitirme que ella no puede? ¿Cuál es su siguiente paso que yo no puedo dar? Quizá piensas que las personas de fe serían inmunes a este tipo de comparación, que es una señal certera de inseguridad, pero no lo somos. Escuché a una mujer en la iglesia decir que siempre se sienta en la primera fila porque no quiere pasar el resto de la reunión comparando su cabello y su ropa con las personas que tiene delante. El aguijón de la inseguridad no tiene vacaciones, estaciones, ni límites.

Hace años atrás, serví como pastor de una iglesia pequeña en Hartford, Michigan, en pleno campo. Teníamos que viajar más de cinco kilómetros para encontrar la farola más cercana en la calle, y el McDonald más cercano estaba a veinticinco kilómetros de distancia. Yo era la única persona de tez oscura en el condado, así que supongo que algunas de las personas que asistían a nuestra iglesia lo hacían por el factor de la novedad.

Una semana, un evangelista itinerante habló en una serie de reuniones en nuestra iglesia. Fue una experiencia demoledora para mí. Dijo las mismas cosas que yo había dicho decenas de veces a nuestra congregación, pero ellos actuaron como si fuera de nuevo Pentecostés, alabando a Dios y gritando aleluyas.

Al principio estaba algo asombrado, pero a medida que continuaba la reunión, me enojé. ¿Por qué estaban tan conmovidos con ese hombre, pero se cruzaban de brazos cuando yo hablaba cada semana? Entonces, supe la respuesta: el evangelista caminaba mientras hablaba y yo siempre estaba quieto detrás del púlpito. Eso era. Ese era el secreto de su éxito.

El evangelista se fue de la ciudad el miércoles. Al día siguiente, conduje hasta la tienda Radio Shack más cercana. Iba en una misión. Me acerqué al mostrador y dije: "Necesito un cable de audio, el más largo que tenga en la tienda".

El hombre buscó en su catálogo durante un minuto o dos, y después alzó la vista y me dijo: "No lo tenemos en el almacén, pero ¿le valdría uno de veinte metros? Lo podemos tener en dos días".

"¡Perfecto!". Estaba emocionado.

El sábado por la mañana me acerqué caminando para recoger el cable. Probablemente pesaría diez kilos, pero no me importaba. ¡Eso iba a ser mi entrada al estrellato! Esa tarde, fui a la iglesia y conecté el cable en el sistema de sonido. Practiqué a caminar por la plataforma, delante de las sillas y por los pasillos. Para estar totalmente preparado, escribí instrucciones en rojo en mis notas de los sermones: "Alejarme del púlpito". "Agarrar el micrófono". "Comenzar a caminar". "Ponerme delante del podio". "Caminar por el pasillo de la izquierda". ¡Estaba seguro de que el poder de mi mensaje ahora sí dejaría huella!

A la mañana siguiente, estaba deseoso de que terminara la alabanza. Tenía algo que hacer y estaba preparado para ello. Seguí mis notas, caminando por toda la iglesia mientras predicaba, y me manejaba bien tirando del cable para poder hacer los giros. ¡Estaba muy contento! Cerca del final, tenía incluso la capacidad de cambiar mi enfoque, de mis movimientos a mirar a la congregación. Ellos no estaban de pie, ni gritando, ni cantando. Me estaban mirando como si yo me hubiera vuelto loco, ¡o quizá como si un extraterrestre se hubiera apoderado del cuerpo de su pastor! Su lenguaje corporal me estaba enseñando una lección muy importante: no intentes ser algo o alguien que no eres. Deja de compararte. Usa y perfecciona tus talentos. Sé tú mismo. Sé la mejor versión de ti, pero sé tú mismo.

Las promesas de éxito y aclamación son increíblemente atractivas. Ciertamente, nuestra cultura refuerza las atracciones. Cada anuncio y publicidad está diseñada para lograr dos objetivos: hacer que no estemos satisfechos con lo que tenemos, y hacer que el producto o servicio sea irresistiblemente atractivo. Quizá no lo necesitamos, ¡pero debemos tenerlo! Nuestra vida está inundada de mensajes que nos dicen que simplemente debemos tener esto o aquello, y siempre más, no menos.

La educación necesariamente asigna calificaciones y rangos en la clase para los jóvenes. Cuando los niños hacen equipos en el recreo, alguien (solía ser yo) es el último a quien escogen. Los adolescentes evalúan constantemente el aspecto del otro, su inteligencia, humor o popularidad. Como adultos, de forma natural comparamos nuestra cuenta bancaria y estilo de vida con las escenas en los anuncios y las personas que nos rodean. Recuerdo detalladamente ir en el automóvil con Brenda, no mucho después de casarnos, y pasar por un restaurante de precio moderado. Ambos mirábamos con anhelo a las personas que entraban a comer, y le dije: "Ahí es donde comen las personas adineradas". La comparación es muy fuerte, poderosa e incluso eufórica cuando estamos ganando el juego, pero jugamos con las reglas de casa y siempre perdemos al final.

> LAS FALLAS GEOLÓGICAS DE INSEGURIDAD PUEDEN ESTAR ESCONDIDAS DURANTE MUCHO TIEMPO, PERO UNA REPENTINA SACUDIDA DE DECEPCIÓN O EL DESGASTE GRADUAL DEL ESTRÉS ACUMULADO PUEDE PROVOCAR UN TERREMOTO PSICOLÓGICO.

Medirnos por cuánto acumulamos en comparación con otros es algo natural, pero al final es destructivo. En geología, el hecho subyacente de la inseguridad tectónica puede estar escondido durante años, pero en algún momento, cuando menos se espera, el daño puede ser abrumador. La falla geológica en el Océano Índico ha existido durante muchos años, pero el 26 de diciembre de 2004 las placas se movieron violentamente. El terremoto de magnitud 9,2 bajo el mar, creó un tsunami de 30 metros que fue en todas direcciones, llevándose consigo las vidas de 250.000 personas en 14 países.

Del mismo modo, las fallas geológicas de inseguridad pueden estar escondidas durante mucho tiempo, pero una repentina sacudida de decepción o el desgaste gradual del estrés acumulado puede provocar un terremoto psicológico devastador para nosotros y quienes nos rodean. Nos podemos convertir en maestros ocultando las fallas geológicas.

Sonreímos cuando por dentro nos estamos muriendo; elogiamos a otros, esperando que nos devuelvan el favor; vamos a trabajar durante muchas horas para demostrar que valemos; nos escondemos de los riesgos o corremos algunos muy necios; negamos nuestros temores; minimizamos nuestras dudas; y esperamos que nadie tenga la sabiduría suficiente para mirar por debajo de la superficie y vea lo que realmente ocurre por dentro. Tarde o temprano, sin embargo, no podemos resistir más la presión subyacente y se produce el terremoto. Intentamos minimizar y evitar, pero nuestra ola de dolor, temor, vergüenza y enojo inunda a las personas que tenemos más cerca.

TAMAÑO O IMPACTO

Las comparaciones pueden consumir nuestros pensamientos y robarnos el gozo. Muy a menudo, usamos la vara de medir equivocada. Yo a veces hablo con líderes que se avergüenzan del tamaño de su organización. Dicen algo parecido a: "Tengo una empresa pequeña", o "soy el pastor de una pequeña iglesia de ochenta personas". Su tono de voz y la expresión de sus ojos me dicen que se sienten avergonzados de no ser más exitosos. Ante sus propios ojos, no están dando la talla. La pregunta de la importancia no es el tamaño; es el impacto.

Hace muchos años cuando yo era pastor, tenía un buen amigo, Edgar Kent, cuya iglesia tenía unas veinticinco personas de asistencia regular, la mayoría de los domingos. Mi iglesia tenía unas ciento treinta personas cada semana, así que él pensaba que yo había llegado a mi época dorada. Una mañana, mientras desayunábamos juntos, me confesó su confusión y consternación.

"Sam, nuestra iglesia es pequeña. A veces, crece hasta cuarenta o cincuenta personas, pero tras unos meses, vuelve a ser de veinticinco. Esto ha sucedido una docena de veces mientras yo he sido pastor. No sé qué está ocurriendo."

Yo agarré una servilleta y saqué una pluma de mi bolsillo. "Edgar, cuando esas personas se van de tu iglesia, ¿adónde van? ¿Abandonan su fe? ¿Se van a otras iglesias?".

Él pensó durante unos momentos para revisar mentalmente los rostros que había visto en los últimos años. "No, no dejan su fe", me dijo. "Algunos se han ido a otras iglesias y algunos han comenzado nuevas iglesias."

Algo hizo clic. Le pregunté: "Dime quiénes han empezado alguna iglesia. ¿Cómo se llaman?".

Comenzó a nombrar algunas personas que habían establecido iglesias. Hizo una pausa de unos segundos entre algunos de ellos y después se acordó de otro… y otro. Escribí los nombres en la servilleta. Cuando no se acordó de más, tenía una lista de dieciocho personas que habían comenzado iglesias. Puse la servilleta delante de él y le dije: "Edgar, Dios te ha usado para plantar todas estas iglesias".

Sus ojos se abrieron de asombro. Nunca había pensado en esas personas de aquella forma. Los había visto como personas insatisfechas con él y su liderazgo, no que él hubiera inspirado a personas a establecer puestos remotos del reino de Dios en áreas nuevas. El tamaño de su iglesia no había aumentado, pero su impacto era exponencial. Edgar se sorprendió cuando le di mi interpretación de la historia de su iglesia, y de hecho él estaba muy reticente a ver el cuadro que yo le estaba dibujando. Para él, era sencillamente demasiado bueno para ser cierto.

A veces, podemos posicionarnos para hacer uso de un tamaño pequeño y recursos limitados para tener un impacto mucho mayor.

El tío de Brenda era dueño de una pequeña tienda de comestibles muy retirada de los límites de la ciudad. No se parecía en nada a los supermercados de las ciudades actuales. Solo tenía unas cuantas cosas en sus estanterías. Cerca de la tienda había una gran comunidad de inmigrantes. Estas personas a menudo tenían que caminar siete u ocho kilómetros para ir a trabajar, pero la tienda de su tío estaba cerca. Las personas a menudo entraban en su tienda, aunque los precios eran más caros que los de las grandes tiendas de la ciudad. Estaba posicionado para tener un impacto en la comunidad de inmigrantes, y a cambio, ellos hacían un impacto en su balance.

Algunas de las compañías más exitosas en la actualidad tienen recursos muy limitados: Facebook tiene más de dos mil millones de usuarios regulares, pero no tiene contenido. Amazon lidera el mundo en ventas, pero no tiene fábricas ni granjas. Uber y Lyft están presentes en ciudades de todo el mundo, pero no poseen ningún automóvil. Airbnb ofrece hospedaje, pero no es dueño de ninguna propiedad.

Estas empresas tienen un impacto enorme, aunque comenzaron solo con una idea, una visión y una determinación entusiasta. Si estos líderes hubieran mirado su situación desde la perspectiva de una empresa normal, nunca habrían despegado del suelo. Pero el pensamiento de estos emprendedores no estaba limitado por los recursos que tenían a su disposición. Se imaginaron algo mucho mayor.

UNA PREGUNTA DISTINTA

Necesitamos nuevas métricas para determinar nuestra identidad. Cuando respondemos a la pregunta de la identidad con medidas de rendimiento, popularidad, poder o riqueza, seguimos estando vacíos, confusos y desesperados, pero claro está, haremos nuestro mejor esfuerzo para dar una imagen de confianza para que nadie note que nos sentimos inseguros. Pero hay una respuesta mucho mejor.

Somos seres relacionales. No prosperamos en aislamiento; de hecho, no podemos vivir mucho en aislamiento sin volvernos locos. Quizá una mejor pregunta que "*¿Quién soy?*" sea "*¿De quién soy?*". ¿A quién le pertenezco? ¿Quién me imparte amor y significado? ¿Quién cree en mí pase lo que pase? ¿Quién me perdona cuando fallo y celebra conmigo cuando he tenido éxito?

Si estamos convencidos de que la opinión de Dios significa más que la de nadie, incluyendo la nuestra, podemos salir de la rutina de intentar dar siempre la talla. Podemos dejar de compararnos y reemplazar nuestra desesperación por gratitud. Puede que estemos caminando y que otros estén corriendo, pero Dios le dio a la tortuga y al caballo la misma cantidad de tiempo para llegar al arca de Noé. Nuestro viaje puede que tenga giros inesperados, pero Dios tomó a José y le dio un recorrido muy amplio por Egipto (ver Génesis 37-50).

> DIOS LE DIO A LA TORTUGA Y AL CABALLO LA MISMA CANTIDAD DE TIEMPO PARA LLEGAR AL ARCA DE NOÉ.

Una y otra vez, los que miraron a José no supieron ver lo que Dios veía. Sus hermanos lo veían como un soñador que no servía para nada. Los mercaderes madianitas lo vieron como una fuente de ingresos. Potifar lo vio como un buen esclavo. La esposa de Potifar vio un posible amante en él. Los guardas de la prisión lo vieron como un caso perdido. Pero todos ellos estaban equivocados. Dios vio a José como el futuro primer ministro cuya madurez espiritual y habilidad organizacional salvaría a dos naciones: los egipcios y su familia, quienes se convertirían en la nación de Israel.

La perspectiva que Dios tenía de José era mucho más precisa y más importante que la visión de cualquier persona. Dios a menudo ve cosas que nosotros no vemos. A lo largo de la Biblia, donde otros vieron limitaciones, Dios vio potencial:

+ A Dios no le importa la edad, así que bendijo a Abraham y Sara (ver Génesis 21:2).

+ A Dios no le importa la fluidez. Él escogió a un nada elocuente Moisés para sacar a su pueblo de Egipto (ver Éxodo 4:10).

+ A Dios no le preocupa la experiencia. Él escogió a David, un joven pastor, para convertirlo en rey. (Ver 1 Samuel 16:1, 12).

+ A Dios no le preocupa el género. Él escogió a Ester para ser reina y salvar a su pueblo (ver Ester 2:17).

+ A Dios no le preocupa la etnia. Él puso a extranjeros como Rahab y Rut en el árbol genealógico de Jesús (ver Mateo 1:5).

+ A Dios no le importa el pasado de una persona. Él escogió a Pablo, quien había perseguido a los cristianos, para ser su portavoz (ver Hechos 9:3-9).

+ A Dios no le preocupa la estatura. Él cenó con Zaqueo, que era muy bajito, pero tenía un gran deseo de encontrarse con Jesús (ver Lucas 19:1-6).

+ A Dios no le preocupa un pasado cuestionable. Tras la resurrección, Jesús primero se apareció a María Magdalena, quien antes había tenido en ella siete demonios (ver Lucas 8:2).

+ A Dios no le preocupa mucho la gravedad de nuestro error. Pedro negó conocer a Jesús, pero fue escogido para liderar la iglesia primitiva (ver Mateo 16:18).

Dios sabe cuán lentos somos para entenderlo. Somos impulsados, pero en una dirección errónea. Estamos confundidos, así que tomamos malas decisiones. No importa cuántas veces Dios nos haya hablado de su amor, su gracia y su propósito para nosotros, no llegamos a entenderlo del todo. Pero Él nunca se rinde.

La mayoría de nosotros nos vemos en una especie de sala de juicio cada día, el juicio de la opinión pública, y nuestra actuación es nuestra única evidencia. Los fiscales son las personas que ven mal lo que pensamos, decimos y hacemos. Para ser sinceros, a veces estamos en ese lado de la sala, acribillándonos de culpa por ser tan insensibles, feos o huecos. Intentamos abogar por nuestra propia defensa, pero no funciona. Entonces Jesús entra y dice: "Su Señoría, el precio ha sido pagado. El veredicto ya ha sido emitido. Mi cliente ha sido perdonado por completo".

¿Vivimos como si el veredicto aún estuviera pendiente y tenemos que defender nuestro caso mostrando a las personas que nos rodean que somos aceptados? ¿Vivimos con una molesta culpa y la sensación de que nunca somos lo suficiente? ¿O estamos convencidos de que ya se ha emitido el veredicto, que la deuda está pagada y que hemos sido liberados?

El verdadero Juez desciende para adoptarnos como suyos. Nos dice: "Tú eres mi hijo amado en quien tengo complacencia". Él no está "complacido" porque hayamos hecho todo bien. ¡Está complacido porque le pertenecemos!

En lugar de actuar para merecer un buen veredicto (y defendernos cuando nosotros y otros cuestionen nuestro desempeño), nos damos cuenta de que alguien ha tomado nuestro lugar, pagó el precio que no podíamos pagar y nos dio un estatus que nunca podríamos alcanzar. Este es el impacto de la gracia de Dios en nuestra vida, y nos cambia desde dentro hacia fuera. Seguimos actuando, pero por una razón muy distinta. Trabajamos, nos esforzamos y perseguimos la excelencia, no para reivindicarnos, sino por un profundo sentimiento de gratitud y un deseo de representar a Aquel que ha hecho tanto por nosotros. En estas dos motivaciones hay una diferencia gigantesca. La gracia de Dios, entonces, es la verdadera fuente de nuestra seguridad.

Cuando estamos seguros, salimos del juzgado de la opinión pública y salimos de la rutina de actuar para reivindicarnos. Ya no tenemos que demostrar nada, así que nos podemos relajar. Ya no competimos con otros líderes, así que no nos sentimos amenazados cuando alguien es mejor que nosotros en algo. Solíamos evitar a los líderes de alto nivel, pero ahora los buscamos para poder aprender de ellos.

> LOS LÍDERES SEGUROS ESTIMULAN LA CREATIVIDAD Y VALORAN LAS APORTACIONES DE OTROS, ASÍ QUE ATRAEN LO MEJOR Y LO MÁS BRILLANTE.

Los líderes inseguros no atraen lo mejor de los empleados y de la plantilla. Las personas seguras y enfocadas no quieren trabajar para líderes inseguros. Estos líderes no darán ningún mérito a otros, no afirman la creatividad y la valentía, y se sienten amenazados cuando otros reciben elogios. Los líderes inseguros cortan a otros en las reuniones, se apropian de las ideas de otros y subestiman a las personas, tratándolos como niños.

Los líderes seguros. Estimulan la creatividad y valoran las aportaciones de otros, así que atraen lo mejor y lo más brillante. Estos líderes no tienen miedo de mirarse al espejo y ser honestos sobre lo que ven, y miran por la ventana al horizonte para liderar sus organizaciones hacia el futuro. No están consumidos intentando inflarse o guardar su reputación, así que se pueden enfocar en las personas que los rodean para enseñar, afirmar, animar y dirigir.

Los líderes que tienen una compostura interior entienden que pueden ir con la cabeza bien alta sobre los hombros de quienes los han precedido. Viven con una maravillosa mezcla de valentía y humildad, pasión y compasión. No les aplasta la crítica y no resisten a las personas que les dicen la verdad. Han cultivado el fino arte de escuchar; entienden que para ir más arriba, más lejos y más rápido, necesitan las ideas de otros líderes seguros. No están obsesionados con controlar personas y programas. Contratan con cuidado, delegan con claridad y después dejan que otros vuelen.

¿PERO, QUÉ OCURRE CON...?

¿Entendemos el concepto de la gracia de Dios y creemos que se aplica a nosotros en el nivel más profundo de nuestro corazón? La gracia es un concepto excepcionalmente difícil de entender. Martín Lutero pasó su vida intentando comunicar gracia a todo el que leía sus libros y escuchaba sus mensajes. Dijo que la gracia está en el corazón de nuestra fe en Dios. "La fe es una confianza viva y osada en la gracia de Dios, tan segura y tan cierta que un hombre podría invertir su vida en ella mil veces", dijo. Pero también reconoció nuestro deseo natural de reivindicarnos, en vez de confiar en la gracia de Dios. Les dijo a líderes de iglesias que es necesario que estudien la gracia, la conozcan bien, "la enseñen a otros, y la metan en su cabeza continuamente".[11]

No nos resistimos conscientemente a la gracia de Dios, pero muchos creen que es demasiado buena para ser cierta, o experiencias dolorosas de nuestro pasado gritan que Dios no puede amarnos de forma incondicional, o preferimos ganarnos la aprobación

---

11. Martin Lutero, *St. Paul's Epistle to the Galatians* (Philadelphia: Smith, English & Co.,, 1860), p. 206.

de Dios y de otros, en vez de recibirla como un regalo. Antes de avanzar más, tenemos que tratar este asunto. Para algunos, este es el punto más importante de este libro. Queremos experimentar la gracia de Dios, queremos estar seguros, y queremos liderar a otros con gracia, en vez de culpa y temor. De algún modo, nuestras molestas dudas reflejan una oscura sombra sobre la maravilla del amor ilimitado de Dios y su aceptación.

La magnífica gracia de Dios no es algo que Él da solo una vez cuando nos hacemos creyentes, y después tenemos que sobrevivir por nosotros mismos. El pastor Rick Warren dijo: "Lo que más esperanza me aporta cada día es la gracia de Dios; saber que su gracia me va a dar fuerza para todo lo que enfrente, sabiendo que nada es una sorpresa para Dios". Si la gracia de Dios es tan maravillosa, ¿por qué es tan esquiva? Tenemos que preguntarnos valientemente: ¿Qué me impide dejar que la gracia de Dios penetre en las grietas más profundas de mi alma? Este no es un libro de psicología, pero no tiene que serlo. Simplemente tenemos que ser sinceros con nuestra inclinación a ganarnos la aprobación y abrir nuestros corazones al amor de Dios.

EL REMEDIO

Los principios de identidad sirven para las personas a las que lideras, pero primero deben ser para ti. Permíteme ofrecer un proceso para identificar y reemplazar el "pensamiento apestoso" por la verdad sobre quién eres tú y de quién eres. Puedes escoger el contenido de tus pensamientos y tu concepto de ti mismo.

PRIMERO, OBSERVA TUS COMPULSIONES Y TEMORES

Al leer este capítulo, ¿te has identificado con los párrafos sobre la comparación y la competición, con los que tratan sobre la compulsión de agradar a las personas o dominarlas, con los que tratan sobre ser defensivo y el control? Claro. Admítelo. No te apresures a dejar atrás estas observaciones. Vive con ellas. Hazte preguntas de seguimiento como: "¿De dónde vino esta perspectiva?" y "¿Cómo ha afectado mis relaciones?". Con bastante frecuencia, los líderes están tan enfocados en el futuro que no prestan atención a las voces del pasado. No queremos vivir en el pasado, pero el pasado puede acecharnos si no tratamos los dolores y pecados que hay enterrados en él. Deja que salgan a la superficie. Sí, es incómodo, pero es bueno para ti. Tómate tu tiempo. No hay prisa. Y asegúrate de contárselo a un amigo de confianza.

LÍBRATE DE LOS DESPERDICIOS

Muchas veces hemos dejado que los pensamientos tóxicos se queden con nosotros demasiado tiempo. No solo se han quedado quietos ahí, sino que han envenenado nuestras relaciones y han sido un aguijón constante con el que hemos aprendido a vivir. No vivas más con ellos. Líbrate de ellos perdonando a quienes te han ofendido, experimentando el perdón por tus errores, doliéndote por las pérdidas y sanando las heridas. De nuevo, esto toma tiempo, pero consiste en decenas de decisiones intencionales de librarte del desperdicio en tu mente.

LLÉNATE CONTINUAMENTE

Busca libros, podcasts, artículos y mensajes sobre el asombroso e incondicional amor de Dios. Deja que personas que han batallado para creerlo te digan cómo llegaron finalmente a experimentar la maravilla de la gracia de Dios. No estás solo. A todos nos resulta difícil entenderlo, pero es necesario para dedicarnos a perseguirlo.

GUARDA TU MENTE Y TU CORAZÓN

La segunda ley de la termodinámica nos dice que todo en la naturaleza, incluido nuestro entendimiento de la verdad espiritual, tiende a lo aleatorio y a la decadencia. Si no prestamos atención, nuestro entendimiento de la gracia de Dios como la fuente de nuestra seguridad también se atrofiará (eso es lo que nos ha ocurrido a algunos. Experimentamos el amor y la presencia de Dios de formas poderosas hace años atrás, pero los estreses del liderazgo y los asuntos inacabados del pasado han erosionado lentamente nuestra sensación de que el veredicto está dictado y que somos hijos amados de Dios). Tenemos que estar en guardia para no resbalar y volver a caer en la inevitable inseguridad de vivir buscando la aprobación, el poder y el éxito.

IDENTIDAD Y SEGURIDAD

Cuando hablo sobre el tema de la identidad y la seguridad, a menudo le pido a alguien de la audiencia que me dé un billete de veinte dólares. Le pregunto a la audiencia: "¿A quién le gustaría que yo le diera esto?". Todo el mundo desea recibir el dinero. Después lo pongo en mi mano y lo arrugo haciendo una bolita. Me dirijo a la audiencia y les pregunto: "Si llevo esto al banco, ¿me darían dieciocho dólares por él?". Ellos mueven sus cabezas, así que pregunto si siguen queriendo el billete y la respuesta es la misma. Después tiro el billete al suelo y lo pisoteo. Cuando lo recojo, es irreconocible como forma de dinero. Les digo: "Quizá el banco solo me dé diez dólares por él ahora". Ellos se ríen porque saben que no es cierto. Hago a la audiencia otra vez la misma pregunta y todos siguen diciendo que quieren el dinero.

Les digo: "Amigos, acaban de ser testigos y ahora entienden una valiosa lección. A pesar de todo lo que le hice al billete de veinte dólares, no perdió su valor y aún lo seguían queriendo. Muchas veces en nuestra vida nos sentimos arrugados, tirados y pisoteados en el polvo por las decisiones que hemos tomado, las decisiones que otros han tomado, las opiniones de los demás o las circunstancias que escapan de nuestro control. Quizá sintamos que no valemos tanto, pero nuestro valor ante Dios no ha cambiado en absoluto. Somos creados a su imagen, y seguimos siendo llamados a llevar su imagen a un mundo perdido y quebrantado. Ustedes son especiales. ¡No lo olviden! No dejen nunca que las decepciones del ayer opaquen la gracia del presente ni los sueños del mañana".

PARA PENSAR...

1. ¿Cuáles son doce de las formas en las que las personas intentan ganar la aprobación de los que les rodean? (¡Probablemente puedes escribir más de doce!).

2. Describe el impacto que tiene la publicidad sobre nuestras expectativas de que el siguiente producto o servicio nos dejará satisfechos. ¿Qué prometen estos anuncios? ¿Cuál es el impacto de esas promesas sobre nuestros deseos y expectativas?

3. ¿En qué se diferencian las preguntas *"¿De quién soy?"* y *"¿Quién soy?"*? ¿Por qué esta distinción es importante para tu vida?

4. ¿Cuáles son algunas razones por las que la gracia es tan difícil de entender, al menos para la mayoría de las personas?

5. ¿Cuáles son varias de las características de los líderes inseguros? ¿Qué mensajes internos oyen que crean esta inseguridad?

6. ¿Cuáles son algunas características de los líderes seguros? ¿Qué mensajes oyen en su mente y en su corazón?

7. ¿Qué tienes que hacer para aplicar "el remedio"? Sé específico.

5

¿CUÁL ES MI DIRECCIÓN? LA CUESTIÓN DE LA GEOGRAFÍA

Hay dos decisiones principales en la vida:
aceptar las condiciones tal y como son,
o aceptar la responsabilidad de cambiarlas.
—Denis Waitley

Muy frecuentemente, cuando hablo a líderes empresariales, dicen algo parecido a esto: "Hemos crecido un poco para el sitio en el que estamos, pero si pudiéramos mover nuestra actividad a Dallas" –o Los Ángeles, Nashville, Atlanta, o alguna otra ciudad con más población en los Estados Unidos o a una gran ciudad en otro país– "estoy seguro de que seríamos mucho más grandes". Estos líderes han oído charlas de líderes en esas ciudades, han leído artículos sobre el crecimiento explosivo y están convencidos de que tienen que mudarse allí. Viven con una pregunta molesta respecto a la geografía: ¿dónde puedo crecer?

Mi consejo no es aguantarse y dejar de quejarse, sino más bien lo contrario. Les digo que consideren cuidadosamente sus dudas sobre su ubicación actual y sus esperanzas de éxito en cualquier otro lugar. El proceso de pensar a fondo en este asunto les permite considerar bien sus presuposiciones. La objetividad les ayuda a pensar y planificar con más claridad, y les permite considerar las implicaciones de una decisión sin la neblina de la confusión.

La cuestión de la geografía no se trata solo de la actual dirección postal de la compañía; se trata también de nuestra disposición a aceptar oportunidades específicas más allá de esa dirección. Por ejemplo, me han pedido hablar en miles de eventos. En cada uno, estoy nervioso: no sé si tengo lo necesario para conectar con la audiencia. Siempre estoy nervioso... y quiero estar siempre nervioso. Mi nerviosismo y mis dudas me mantienen tanto de rodillas como de puntillas. Son los mejores frenos para la arrogancia. Mi perturbación psicológica me hace pensar de forma más específica sobre cada oportunidad de hablar, nunca dar por hecho a una audiencia, y valorar cada momento que tengo delante de ellos. Emocionalmente, sería más fácil evitar la geografía de la plataforma, pero estoy decidido a dejar que mis temores me afilen y no que me limiten.

> MI NERVIOSISMO Y MIS DUDAS SON LOS MEJORES FRENOS PARA LA ARROGANCIA.

A veces la geografía es abrumadora. Me piden hablar en algunos eventos muy grandes, y en esas ocasiones he estado en las antesalas con algunos de los líderes más talentosos y famosos del mundo. Cada vez, instintivamente me pregunto: ¿Qué estoy haciendo yo aquí? Y siempre tengo la misma respuesta: ¡Este no es mi lugar!

Durante varias décadas, los psicólogos y coaches han identificado "el síndrome del impostor" como "falsedad en personas que creen que no son inteligentes, capaces o creativas a pesar de la evidencia de sus grandes logros". En otras palabras, sienten que son un fraude y les aterra que se descubra. Por muy alto que suban, se sienten ineptos. El éxito no resuelve el problema. De hecho, lo empeora porque, más que nunca, la persona siente que ese no es su lugar. En un artículo para *Forbes*, la coach profesional Ashley Stahl recomienda a quienes tienen este problema con su geografía personal que "cambien su programación mental". Ella escribe:

> Vuelve a remodelar tus pensamientos y entiende que lo que estás sintiendo no está fundado en algo real. Los sentimientos de ineptitud y temor están solo en tu cabeza, así que imagínate cómo te sentirías si pudieras convertir esos pensamientos en algo positivo. En vez de pensar algo como "yo no sé *nada*", ¿por qué no intentas convertirlo en "No lo sé *todo*... aún? Sigo aprendiendo"? Comprueba cómo te sientes al no poner sobre ti la presión de saberlo todo. A fin de cuentas, nadie es perfecto.[12]

INTERCAMBIA HORMIGAS POR MASCOTAS

Quizá no podamos monitorear por completo los pensamientos que nos crean ansiedad, pero cuando los reconocemos, podemos reemplazarlos. Podemos intercambiar HORMIGAS por MASCOTAS (PETS en su original en inglés).[13] HORMIGAS son Pensamientos Negativos Automáticos (ANTS en su original en inglés). Nos parece que surgen de forma espontánea en nuestra mente, pero en realidad son, a menudo, el producto de años

---

12. "Feel Like A Fraud? Here's How to Overcome It", Ashley Stahl, *Forbes Leadership*, 10 de diciembre de 2017, https://www.forbes.com/sites/ashleystahl/2017/12/10/feel-like-a-fraud-heres-how-to-overcome-imposter-syndrome/#48f0da384d31
13. Adaptado de Anthony Grant y Jane Greene, *It's Your Life. What are you going to do with it?*(Great Britain: Pearson Education Limited, 2004), p. 128.

> CUANDO DUDAMOS DE QUE PERTENECEMOS, PODEMOS PARALIZARNOS O VOLVERNOS FRENÉTICOS, O QUEDAR INMOVILIZADOS O ATASCADOS EN UNA VELOCIDAD HIPERSÓNICA.

de pensamientos negativos, falsas suposiciones y la cantidad suficiente de profecías de fatalidad que por su propia naturaleza contribuyen a cumplirse para hacernos creer que son totalmente ciertas. Las MASCOTAS son Pensamientos de Mejora del Rendimiento. Estos renuevan nuestra esperanza, estimulan nuestra creatividad para encontrar nuevas soluciones, y revolucionan nuestros motores para impulsarnos a la acción productiva.

Hemos tenido HORMIGAS en nuestra mente durante tanto tiempo que se sienten como en casa. Sin embargo, cuando dudamos de que pertenecemos, podemos paralizarnos o volvernos frenéticos, o quedar inmovilizados o atascados en una velocidad hipersónica. Nos devaluamos a nosotros mismos y nos volvemos escépticos con las motivaciones de otros. Cuando reconocemos este tipo de duda en nosotros mismos, tenemos que descansar un tiempo para meditar en quiénes somos y lo que aportamos a la mesa. Tenemos que identificar y rechazar cualquier HORMIGA y recargar nuestra mente con MASCOTAS. Por ejemplo:

+ Medita en los años recientes e identifica tus talentos, tus intereses, tus pasiones y cuándo te sentiste particularmente eficaz en tener un impacto sobre las personas.

+ Piensa en el mismo marco de tiempo, pero esta vez identifica lo que te aburrió, frustró y drenó tu energía.

+ Considera tu situación actual. ¿Cómo puedes darle forma, encontrar mentores y recursos, y hacer de ella la mejor que pueda ser? O tras un cuidadoso análisis y sabias ideas, ¿llegas a la conclusión de que realmente no encajas más ahí donde estás?

La sucesión en el liderazgo es uno de esos periodos en los que muchos nos sentimos fuera de lugar. Estamos planificando cambiar nuestra geografía, pero estamos llenos de preguntas y preocupaciones. Me reuní con un líder que tiene cincuenta y dos años y ya está mirando diez años más adelante, pensando en ese momento de jubilarse y ser reemplazado. Tras largas discusiones, este es uno de los puntos que escribí para él en un informe de seguimiento: "En los próximos años, me gustaría que fueras extremadamente consciente de las áreas en las que notas que cada vez te aburres más y te desentiendes; que me digas qué no te gustaría abordar en cuanto a esos asuntos y esas personas que te hacen sentir así".

Lo he visto suceder incontables veces. Líderes que han dado todo lo que tenían para el éxito de una organización gradualmente se sienten cada vez más fuera de lugar en la empresa u organización que han amado durante tantos años. Ya no sienten que ese sea su lugar, y comienzan a retirarse emocionalmente y mentalmente antes de que sea el momento de irse. Es como si hubieran enviado al correo una carta con un cambio de dirección antes de haberse mudado en realidad.

CUATRO LLAMADOS

Todos los líderes tienen cuatro llamados distintos. Estos se solapan y entremezclan, pero es útil entender cada uno de forma independiente.

1. PROPÓSITO

En base a los talentos, experiencias y oportunidades, los líderes viven para lograr algo importante. Eso es lo que les hace acostarse tarde y levantarse temprano en la mañana. Su trabajo no es tan solo un trabajo. No se dedican solo a dar sus horas para recibir un salario. Saben que pueden tener un impacto y marcar la diferencia en las vidas de las personas. Para eso viven.

2. PASIÓN

Por lo general, el propósito es un punto fijo y constante en la vida de un líder, especialmente cuando ha tenido las experiencias suficientes para afilar su propósito. Pero la pasión es algo más complejo. Es más que educación, talento o experiencias. Es el motor que impulsa al líder para cumplir su propósito.

Algunos líderes se vigorizan con su propio éxito, su propio sueldo, y su propia fama. Esto ciertamente es un tipo de pasión, pero hay un camino mejor y más sublime. Los grandes líderes tienen la pasión de cambiar vidas, incluso mediante canales indirectos como la tecnología, la venta al por menor, restaurantes o el transporte. Piensan en la diferencia que marca su trabajo en las vidas diarias de hombres y mujeres, jóvenes y ancianos, así que el entusiasmo y la energía fluye de ellos. A las personas les encanta seguir a líderes así.

3. PERSONAS

Los líderes invierten sus corazones y sus talentos en personas en cada nivel de la organización: su equipo ejecutivo, directores intermedios, empleados de primera línea, voluntarios, proveedores, clientes y los que son afectados por todos estos grupos. El trabajo, entonces, no se trata de producir en serie productos o servicios; se trata de tocar a las personas y hacer que sus vidas sean mejores.

4. LUGAR

Un líder probablemente tendrá el mismo propósito y la misma pasión dondequiera que vaya, pero debe enfocarse en un lugar concreto para invertir su corazón y sus manos en tener un impacto. Los líderes tienen que estar convencidos de que *este* es el lugar, *este* es el momento, y *estas* son las personas donde volcarán sus pasiones para lograr su propósito. Claridad en cuanto al lugar, entonces, es esencial para que el líder se desarrolle.

Vivimos en un mundo distinto al que nuestros padres y abuelos conocieron. La invención del automóvil y la ventaja de viajar nos han enseñado ciudades, regiones y naciones que nuestros ancestros solo habían visto en los libros. Hoy, la movilidad es la norma, no la excepción. Durante décadas, las personas buscaban pastos más verdes en los suburbios y millones de personas se fueron de las ciudades. Pero la tendencia se está invirtiendo, especialmente entre los de la generación milenial. En la revista *TIME*, Sam Frizell destaca:

> Los americanos están experimentando un renacimiento urbano de proporciones nada anticipadas, a medida que los jóvenes se gradúan de la universidad y acuden en masa a las ciudades, demorando la compra de una casa y quizá rechazando del todo el ideal de los suburbios. En 2005, las viviendas multifamiliares sumaban solo el 17% de todos los inicios de viviendas. En 2013, las viviendas multifamiliares alcanzaron el 33% de los inicios de viviendas. La información dada la semana pasada sobre los inicios en las viviendas en marzo refuerza esa tendencia, con casas multifamiliares, una buena parte de ellas son edificios de apartamentos de muchos pisos, llegando al 40% de todas las nuevas construcciones.[14]

¿Qué significa para los líderes estas estadísticas aparentemente difíciles de entender? Significa que la movilidad es ahora la norma y que no somos inmunes al gusanillo de mudarnos. Ese gusanillo es incluso más intenso al ver a nuestra audiencia y clientes hacer su éxodo a ciudades más grandes con más energía y oportunidades.

14. "The New American Dream Is Living in a City, Not Owning a House in the Suburbs", Sam Frizell, *TIME*, 25 de abril de 2014, http://time.com/72281/american-housing.

Nuestra conclusión subconsciente sería: si ellos se mudan, ¡quizá yo también deba hacerlo!

En cada aspecto de nuestra vida, oímos mensajes que alimentan el descontento con nuestras actuales situaciones. Simplemente debemos tener el siguiente modelo de teléfono, el automóvil del último año, mayor velocidad en Internet, rosas que florezcan mejor y la última moda en ropa. No es de extrañar que la misma insatisfacción inherente, a menudo afecte nuestro sentido del lugar.

Lo *siguiente* promete tener más valor que el *ahora*. Nos cuesta contentarnos y celebrar donde estamos porque tenemos miedo de perdernos algo mejor en algún otro lugar. No estamos satisfechos con el crecimiento progresivo donde estamos porque soñamos con saltos impactantes en algún otro lugar.

> NOS CUESTA CONTENTARNOS Y CELEBRAR DONDE ESTAMOS PORQUE TENEMOS MIEDO DE PERDERNOS ALGO MEJOR EN ALGÚN OTRO LUGAR.

QUIZÁ SEA EL TIEMPO DE IRSE

No quiero decir con todo esto que nunca debamos considerar mudarnos. ¿Dónde estaríamos si los exploradores no hubieran descubierto rutas al Nuevo Mundo y alrededor del globo terráqueo? ¿Dónde estaría cada país si hombres y mujeres no hubieran tenido el valor de poblar nuevas tierras? ¿Dónde estarían nuestras empresas si líderes intrépidos no hubieran lanzado nuevas ideas?

A veces, es el momento de irse.

Quizá nos damos cuenta de que realmente no encajamos donde habíamos estado liderando y sirviendo. Leí un artículo muy interesante sobre los perros detectores de explosivos. El escritor destacaba que los sabuesos tienen el mejor sentido del olfato del mundo canino, pero raras veces los vemos olfateando explosivos en los aeropuertos o en los campos de minas. La razón es que esta raza es la mejor para la cacería, pero se aburre demasiado rápido si no hay la suficiente acción. Sin la emoción de la persecución, se distraen y se vuelven ineficaces.[15] Las mismas características se pueden atribuir a los líderes: quizá somos tremendamente hábiles en un área de liderazgo, pero si no estamos en el lugar correcto, nos volvemos como los sabuesos que están en el trabajo equivocado. Es tiempo de olfatear en otro lugar.

No supongas de manera automática que si no estás feliz, debe significar que es el tiempo de encontrar otro lugar. Pero al menos plantéate las preguntas de la geografía para saber cuál es tu lugar. No hay mérito en sentirse miserable sin una buena razón. Este no es un ensayo para la vida; ¡es real! La vida es demasiado corta para malgastarla aburrido. Cada día es una segunda oportunidad para todos. ¿Qué haremos con ella?

Si los líderes son lo suficientemente valientes y sabios para hacerse estas preguntas, muchos llegarán a la conclusión de que están en el lugar correcto, algunos se darán cuenta de que tienen opciones muy limitadas por varias razones, y más de unos cuantos verán evidencia suficiente para una mudanza que justifique la turbulencia que inevitablemente conlleva.

Algunos vivimos con limitaciones que la vida nos ha lanzado, así que quizá no tengamos opciones de cambiar la geografía. Brenda y yo hablamos sobre una pareja con un hijo con síndrome de Down. Cada día, los padres vuelcan su amor en este bebé, pero su amor está acompañado de la comprensión de saber que tendrán que dar un nivel extraordinario de cuidado durante muchos años. Sea cual sea la situación, enfermedad física, trastorno emocional, padres ancianos, adicciones o cualquier otra cosa, provoca todo un

---

15. "Ask Marilyn", Marilyn vos Savant, 15 de mayo de 2016.

abanico de emociones. A veces quieren acercar más a esa persona al confort y el amor, a veces están enojados e insisten en que la vida no es justa, y a veces están agotados con los sentimientos opuestos y las demandas físicas del cuidado. En estas circunstancias, el drenaje económico se añade al peso emocional y puede ser abrumador.

> NO ESTAMOS TAN ESTANCADOS COMO PENSAMOS. SI EXPLORAMOS OPCIONES, PUEDE QUE ENCONTREMOS ALGO MEJOR QUE NUESTRA CONDICIÓN PRESENTE.

La mayoría de las personas no tienen el ancho de banda económico para considerar todo el rango de opciones sobre dónde vivirán y qué trabajo podrían realizar. Las personas con sueldos limitados en una parte del país con un costo moderado de vida apenas serán capaces de llegar a fin de mes. Probablemente no se puedan mudar a Newport Beach, California, y comprarse una casa en la playa. La deuda es un gran problema para muchas personas. Una mudanza debe ser un paso adelante en la deuda, no atrás. Pero incluso así, las personas creativas y decididas pueden encontrar una manera. Quizá ahorran durante seis meses o un año para permitirse vivir mientras buscan un trabajo. Quizá descubren que una comunidad cerca de donde realmente querían vivir es un valor mejor que encaja en su presupuesto. Cuando entramos en el "pensamiento de la posibilidad", a menudo podemos encontrar soluciones que no vimos al principio.

El aburrimiento, el desánimo y sentirse fuera de lugar erosionan nuestro entusiasmo y nublan nuestra creatividad. La buena noticia es que no estamos tan estancados como pensamos. Si exploramos opciones, puede que encontremos algo mejor que nuestra condición presente. La exploración misma, incluso si no hay cambio de dirección, añade una medida de emoción a la vida. Dejar de pensar, soñar, e imaginar nos hace aburridos, y normalmente lleva al resentimiento, el cual después envenena todas las relaciones.

No seas una víctima. No te conformes con lo mínimo. La búsqueda te mostrará sobre qué tienes control, y casi seguro que es más de lo que crees si estás en el pozo del desánimo; y te mostrará qué está fuera de tu alcance, lo cual es siempre significativo. En vez de quejarte por las cosas que no puedes controlar, toma la iniciativa en las áreas en las que puedes marcar la diferencia.

Creo que todos deberíamos hacernos periódicamente la pregunta de la geografía: "¿Dónde estoy como líder?". Permíteme desarrollar esta pregunta haciendo algunas más:

+ ¿Estoy en la empresa correcta?

+ ¿Estoy invirtiendo en las personas correctas?

+ ¿Estoy en mi lugar actual porque estoy atascado y no me puedo mover?

+ ¿Estoy aquí porque he perdido la pasión de impactar?

+ ¿Estoy aquí porque es mejor para los que amo, aunque yo tenga que pagar el precio?

+ ¿Estoy aquí porque tengo la responsabilidad de cuidar de mis padres, nietos u otros familiares?

+ ¿Estoy aquí porque es un lugar muy bueno para invertir mi pasión en las personas que me importan para cumplir así nuestro propósito?

No estoy sugiriendo que esta sea una lista en la que podemos tachar las casillas y terminar. Tenemos que tomar tiempo para pensar profundamente a fin de considerar algo más que las opciones binarias de quedarse o salir. La vida es mucho más compleja que eso. Somos seres complejos con una mezcla de motivos. Las personas que amamos tienen que saber que estamos considerando cuidadosamente las opciones. Y al final de nuestro proceso analítico, tenemos que saber que lo hemos hecho a conciencia.

Tenemos que levantar la tapa de nuestros sueños para poder imaginarnos un futuro maravilloso, pero también tenemos que hacer una evaluación pragmática y dura:

+ ¿Qué papel maximiza mi educación, talentos y entrenamiento?

+ ¿Dónde están las escuelas mejores para mis hijos?

+ ¿Dónde podemos vivir de manera que la vivienda y el costo de vida se ajusten a nuestro presupuesto?

+ ¿Necesitamos o queremos vivir cerca de padres o hijos?

+ ¿Dónde está mi red de amistades?

+ Si nos mudamos ¿cuánto tardaremos en hacer nuevas amistades? ¿Vale la pena la mudanza en cuanto al costo emocional y relacional de (probablemente) dos años de sentirnos inestables?

+ ¿Dónde puedo invertir algo de tiempo en voluntariado para servir?

+ ¿Cuál es la compensación entre la posibilidad de un ingreso extra y disfrutar de las personas con las que trabajo?

+ ¿A quién le rendiré cuentas? ¿Será más fácil trabajar con un nuevo jefe?

+ ¿Cuánto tardo en desplazarme diariamente? ¿Cuánto tardaré en los desplazamientos en otra ciudad?

Considerar cuidadosamente estos factores puede desequilibrar la balanza a menudo. De repente, vemos nuestros sueños desde una perspectiva distinta. Quizá nos mudamos incluso con más anhelo, o puede que nos demos cuenta de que las cosas en el lugar donde estamos son mucho mejores de lo que pensábamos. A fin de cuentas, este es nuestro lugar. Estamos conduciendo por el carril correcto.

CINCO PELIGROS DE SALIRSE DEL CARRIL

Cuando no estamos satisfechos con nuestra geografía, enfrentamos una serie de amenazas serias. Estas nos sacan del carril por el que podemos *"correr con perseverancia la carrera que tenemos por delante"* (Hebreos 12:1) y también nos pueden enseñar que *ya* hemos salido de nuestro carril. Permíteme describir algunas de ellas.

1. DESOBEDIENCIA A LOS PRINCIPIOS Y LA ÉTICA

El aburrimiento es el primer síntoma de sentirnos fuera de lugar, pero no es el único. Enseguida, tomamos atajos en nuestro trabajo porque no es interesante, y no nos preocupamos por la excelencia. La autocompasión se adentra en nuestro pensamiento. Estamos seguros de que nos merecemos algo mejor. De hecho, nos sentimos con derecho a un trabajo mejor, un consejo directivo más agradable, un jefe más amable, y un salario más alto. Decimos algunas pequeñas mentiras para salir del problema y finalmente se convierten en mentiras más grandes. Evitamos a las personas y a la verdad para que nadie nos haga demasiadas preguntas. ¿Te parece este escenario muy disparatado? Es mucho más común de lo que imaginas.

2. TERRITORIALISMO

Cuando nos sentimos inseguros con nuestro lugar, puede que guardemos nuestro terreno y sintamos resentimiento hacia cualquiera que entrometa sus narices en nuestro trabajo. No compartimos libremente la información porque no queremos que nadie se nos adelante. Creamos un silo para mantener a otros fuera y mantener así el control total sobre nuestros pequeños reinos.

3. NEPOTISMO

Puede que veamos a las personas como a favor o en contra de nosotros, así que favorecemos a unos cuantos y excluimos a todos los demás. No hay nada inherentemente malo en contratar a familiares, yo he contratado a mis dos hijas, pero cruzamos una línea cuando tomamos decisiones de personal únicamente en base a la lealtad personal sin tener en cuenta la capacidad, mostrando preferencias en detrimento de la organización. Una de las críticas más comunes de los líderes inseguros es que contratan a hombres y mujeres que siempre están de acuerdo con ellos.

4. EGO INFLADO

Cuando los líderes no están seguros de su lugar, algunos languidecen y se retiran, pero otros demandan ser el centro de atención. Es una estrategia para lidiar con ello. Insisten en recibir el mérito de cualquier éxito y desvían todas las culpas a los que les rodean. Quizá hayan comenzado su carrera como un líder siervo en vez de usar a las personas como escalones, pero en este momento, la única persona que cuenta es el líder inseguro. Utilizan cada día para demostrar que pertenecen a ese lugar e insisten en que todos se den cuenta. Los líderes que están seguros con su lugar se pueden relajar, liderar con gracia y afirmar las contribuciones de otros.

5. INSUBORDINACIÓN

Los líderes que han perdido su sensación de lugar se sienten aislados y están resentidos con los que están por encima de ellos en el organigrama de la organización —y cada líder da cuentas a alguien— aunque sea el consejo directivo o de accionistas. Irónicamente, la ambivalencia puede producir resistencia y el líder siente la oposición incluso cuando las figuras de autoridad hacen preguntas sin mala intención. Cuando los líderes ya no sienten que pertenecen, viven con un trasfondo de desánimo e ira. Estas emociones se pueden contener durante un tiempo, pero tarde o temprano la presión aumenta. En el momento crítico, sucede una de dos cosas: o bien el volcán explota, o la persona se derrumba en una depresión. Ninguna de las dos cosas es bonita de ver.

PUEDE QUE OTROS VEAN EL PROBLEMA PRIMERO

Cuando estamos en el lugar incorrecto, otros a menudo pueden verlo antes de que nosotros nos demos cuenta del problema. Quizá nuestro cónyuge nos pregunta: "¿Te has dado cuenta que últimamente te enojas enseguida? ¿Qué ocurre?". Quizá un buen amigo comenta: "Ya no parece ilusionarte tu trabajo. ¿Qué te sucede?". Quizá nos ven desconectados o quejándonos más de lo habitual. Quizá se dan cuenta de que escapamos a través de la televisión o los juegos. Nosotros no hemos visto los síntomas, pero ellos sí. Ellos ven cambios que son imperceptibles para nosotros. Por ejemplo, nosotros enfocamos demasiado tiempo y energía en personas y proyectos que nos drenan, nos dejamos de preocupar por muchas cosas, vemos faltas en todos y en todo, todas las metas son una amenaza en lugar de un desafío, y todos están en contra nuestra.

> SI ESCUCHAMOS, TENDREMOS LA OPORTUNIDAD DE APRENDER, CRECER Y TRAZAR UN NUEVO RUMBO.

Cuando las personas encuentran el valor para decirnos estas cosas, casi siempre ponemos resistencia, al menos al principio. ¡No queremos creer que el problema es nuestro! Preferimos culpar a todos los demás. Pero si escuchamos, tendremos la oportunidad de aprender, crecer y trazar un nuevo rumbo para nuestras carreras... y quizá para nuestras vidas.

Y si estamos en el otro lado de la mesa con una persona que se siente fuera de lugar, necesitamos igual medida de compasión y valentía para decir la verdad a nuestro cónyuge, amigo, hijo o compañero de trabajo. Debemos entender que este es un mensaje difícil de oír, así que debemos hablar con amabilidad y gracia. Probablemente no entendamos cuál es el problema subyacente; todos vemos solo los síntomas de la superficie. Tan solo señalamos lo que vemos y decimos: "Cuéntame qué te ocurre".

La persona tardará tiempo en entender lo que le llevó a esa situación dolorosa. Durante muchas conversaciones, escuchamos. No insistimos en entenderlo al instante y en el cambio instantáneo. Quizá la persona tarde meses o incluso años en llegar a la dolorosa conclusión de que él o ella ya no pertenecen al lugar donde está, y tomará tiempo volver a recuperar la confianza y encontrar el lugar correcto de nuevo. Con paciencia, perseverancia y amabilidad, las cosas se aclararán.[16] El filósofo danés Soren Kierkegaard comentó: "La vida solo se puede entender mirando hacia atrás; pero se debe vivir mirando hacia adelante".

El reto de la geografía no está limitado a quienes no están satisfechos porque el crecimiento se haya estancado o la organización esté menguando. A veces los líderes más exitosos tienen la comezón de mudarse.

Consulté con un pastor que estableció una iglesia en una comunidad en el sur y que la ha visto crecer hasta más de doce mil personas de asistencia semanal. Me pidió que le ayudara a cumplir su sueño de mudarse a una gran ciudad al oeste para pastorear una iglesia mucho más pequeña allí. Me dijo: "Si Dios puede usarme para producir esta iglesia en esta ciudad, ¡imagina cómo me podría usar en esa ciudad!".

---

16. Recomiendo mi libro, *Leadership Pain*, para líderes que están luchando o para personas que quieren ayudar a los que están luchando.

Está convencido de que su propósito se puede cumplir con pasión por las personas de ese lugar. Durante años había tenido una inquietud en su corazón, pero el tiempo no era el correcto. Finalmente, cuando algunas piezas encajaron, sintió que era el momento de hacer la mudanza, sin garantías, pero lleno de desafíos para mantenerlo emocionado. Tenía que sopesar todas las incertidumbres, analizar los costos para él mismo y para su familia, y armar un plan exhaustivo de sucesión para dejar su iglesia en manos de un líder más dotado y sabio.

Lo acompañé por este proceso. Nunca cuestioné su llamado. Era obvio que había empleado muchas horas pensando, orando, soñando y planificando. Admiraba tanto su valor para irse como su dedicación a los que se quedaban atrás. Le hice muchas preguntas para ayudarle a planificar con más eficacia. Además de nuestras conversaciones sobre su sensación de llamado para mudarse, le pregunté qué extrañaría de su iglesia y de las personas que dejaba. Era obvio que no se iba porque no estuviera contento con ellos. Los amaba profundamente. Le pregunté sobre el nivel de riesgo y su plan B si la iglesia nueva no funcionaba como esperaba. Me contó cómo su esposa y sus hijos estaban procesando el plan. Mi tarea era llevarlo al borde del precipicio y dejar que lo viera claramente. Si aun así quería saltar, era decisión suya. Y saltó.

Muchos líderes ni siquiera consideran una mudanza tan drástica como este pastor. Incluso los cambios menores en la geografía son demasiado amenazadores. Evitan el riesgo, prefiriendo la seguridad antes que los problemas inherentes de cualquier cambio significativo de lugar. Dudan de tener lo necesario para ir a cualquier otro lado; además, son leales a las personas a las que sirven y con las que trabajan. No se pueden imaginar vivir con la vergüenza de que sus planes no salgan bien, e interpretan cualquier revés en su carrera como una acusación condenatoria de su carácter.

Si las preguntas de este capítulo han retorcido tu corazón, busca a alguien de confianza y comparte con él tus pensamientos, sentimientos y deseos. Busca un coach, un consultor o alguien de tu profesión que no esté vinculado a tu rol. Dale a esta persona el permiso de preguntar lo que quiera. Cuando respondas, no te cubras e intentes aparentar que está todo bien. Sé totalmente honesto con cualquier sentimiento de que no encajas o no perteneces, de que ya no estás en el lugar correcto.

Para algunos líderes, este capítulo ha identificado algunas preocupaciones serias y tienen que comenzar el proceso de evaluar su próximo movimiento. Tienen que cavar hondo y encontrar valor. Muchos otros líderes verán los puntos de este capítulo y concluirán que su lugar actual no es perfecto, pero es realmente bueno. Han vivido con un bajo nivel de descontento, pero ahora están mucho más agradecidos de haber encontrado un buen lugar. Y espero que muchos líderes se den cuenta de que están en su punto óptimo, justo donde tienen que estar. Los líderes emocionados y apasionados pueden ayudar a quienes les rodean a evaluar su propia geografía y encontrar el lugar donde pertenecen. Todos necesitamos responder a la pregunta de la geografía.

PARA PENSAR...

1. ¿Alguna vez has sentido que estás fuera de lugar, como si no pertenecieras? Si es así, describe la situación, y cómo te afectó.

2. ¿Cómo describirías "el síndrome del impostor"?

3. ¿Cuál es el grado de claridad y emoción de cada uno de los cuatro elementos de tu llamado: propósito, pasión, personas y lugar? ¿Necesitas atender alguno de ellos? Explica tu respuesta.

4. ¿Cuáles son tres o cuatro de las preguntas más importantes de este capítulo que tengas que considerar sobre tu geografía?

5. ¿Has observado los "peligros de salirse del carril" en personas con las que has trabajado? Si es así, ¿Cuál fue el impacto sobre la persona y tus relaciones? ¿Has notado estas cosas en tu propia vida? Si es así, ¿cuál será tu siguiente paso?

6

¿QUÉ HORA ES?
LA PREGUNTA SOBRE LA MADUREZ

> Insisto en dedicar mucho tiempo, casi a diario,
> a sentarse y pensar. Esto es algo muy poco común en las
> empresas americanas. Yo leo y pienso. Así que leo y pienso
> más, y tomo decisiones menos impulsivas que la mayoría
> de las personas en las empresas.
> Lo hago porque me gusta esta clase de vida.
> —Warren Buffett

La comparación no es siempre destructiva. A veces, nos da la oportunidad de medir nuestro progreso y dar pasos hacia delante. Al menos de vez en cuando, al mirarnos en el espejo deberíamos preguntarnos: ¿Qué debería ocurrir en esta etapa de mi vida? ¿Cómo debería ser mi proceso de pensamiento hoy mejor que antes? ¿Cómo puedo saber si estoy progresando?

Yo regularmente me hago estas preguntas y no siempre estoy contento con las respuestas. Me crié en el hogar de un pastor, rodeado de enseñanza de la Palabra de Dios. Tuve el privilegio de asistir a la mejor escuela de mi ciudad. Fui a una universidad muy buena en los Estados Unidos y obtuve mis diplomas de bachillerato y posgrado. He pastoreado una iglesia y he visto vidas cambiadas. He trabajado como presidente de una universidad. He escrito libros y, hasta cierto grado, cada uno de ellos ha sido diseñado para ayudar a los líderes a pensar con más eficacia.

He tenido el honor de dar consultoría a algunos de los mejores y más respetados líderes del mundo. Mi vida se ha visto enriquecida y moldeada por ser esposo, padre y abuelo. Tengo amigos maravillosos que se preocupan por mí genuinamente. Todas estas cosas son irrefutablemente ciertas, pero ¿qué sucede en los rincones de mi pensamiento cuando me enojo mucho porque alguien se me cruza mientras conduzco? Me dan ganas de mostrarle la vulgar señal con el dedo que no necesariamente significa: "Tú eres el primero".

> CUANDO NOS TOPAMOS CON BACHES EN LA CARRETERA, TENDEMOS A REACCIONAR EN EL VERDADERO NIVEL DE NUESTRA MADUREZ.

Cuando pasa el momento y me sereno durante unos minutos, pienso: *Sam, con toda tu educación, todo tu entrenamiento, todas tus experiencias y todas las formas en las que Dios te ha bendecido, ¿por qué vinieron esas palabras a tu mente? No, no las dijiste en voz alta, pero querías. ¿Por qué querías detenerte y darle un puñetazo en la nariz a ese conductor? ¿Cuán cerca de la superficie está todo ese enojo? Debe ser un barril de pólvora esperando un fósforo. ¿Qué ocurre con ese tipo de reacciones? ¿No deberías haber superado eso ya? Eres un predicador, un líder, padre y abuelo. ¿Acaso no eres más inteligente? ¿Por qué no has madurado para no tener este tipo de detonante en tu enojo?*

Quizá me ocurra solo a mí. Quizá sea yo el único que tiene acciones infantiles cuando experimenta decepciones inesperadas… No, no lo creo. Cuando nos topamos con baches en la carretera, tendemos a reaccionar en el verdadero nivel de nuestra madurez. Esa es una comprensión seria y descorazonadora, pero es un punto fundamental de inspiración y crecimiento.

El suceso en la carretera no es aislado. Cuando voy conduciendo con Brenda en el automóvil y me señala rápidamente que estoy a punto de atropellar a alguien, ¿por qué hiervo con desprecio en vez de decir: "Gracias cariño. ¡Nos has salvado la vida!"? Cuando no me atienden bien en un restaurante o la persona en el estacionamiento del aeropuerto no me ayuda adecuadamente, ¿por qué sacudo mi cabeza disgustado en vez de ponerme en su lugar? Si le piden a otra persona hablar en un evento, ¿utilizo una excusa de frustración e insisto en que no quería ir de todos modos?

Me temo que hay muchas oportunidades para la introspección porque hay muchas ocasiones en las que mis respuestas revelan el pensamiento de un niño, en lugar del pensamiento de un líder. He arruinado demasiadas comidas, demasiados viajes, demasiadas conversaciones y demasiados momentos potencialmente maravillosos porque he considerado necias a las personas, y los eventos como amenazas. Nada de gracia, ni compasión, ni sabiduría. Sí, duele admitirlo, pero es necesario para ser honesto primero conmigo mismo, después con Brenda, y ahora contigo.

Como la mayoría de nosotros, intento evitar bajar la guardia cuando soy el centro de las miradas. No importa cuán enojado esté por dentro, me mantengo tranquilo y calmado por fuera. El verdadero nivel de mi madurez y un cuadro preciso de mi pensamiento se asoman en los momentos que tengo la guardia baja, especialmente con mi familia, en el automóvil o cuando estoy viajando. Si hablo en un evento y alguna persona en la última fila critica mi exposición, no me molesta. Si alguno de los ancianos de mi iglesia me critica, me importa más. Si el pastor o Brenda me llevan a un lado para señalarme mis errores u omisiones, me duele mucho más. El nivel de dolor y la posibilidad de ponerme a la defensiva se elevan con la proximidad de la otra persona.

¡No me dejes aquí colgando! Permíteme preguntarte: ¿Quién te molesta? ¿Cuándo reaccionas con desprecio? ¿Qué circunstancias recurrentes hacen saltar luces de defensas? ¿Cuándo te portas más como un niño que como un líder maduro? (ahora puedes compartir mi dolor).

Cometemos un grave error cuando equiparamos el éxito empresarial u organizacional con la madurez personal. Conozco a algunos líderes que han alcanzado un gran éxito, pero emocional y relacionalmente, son tan frágiles como un adolescente.

ENTIENDE TU ETAPA

Muchas veces reaccionamos con inmadurez porque no anticipamos posibles dificultades. Algunos problemas se producen cuando no los esperamos, como en la autopista, aunque diría que yo debería haber aprendido a esperar que otros conductores se me crucen de vez en cuando. Pero muchas de las situaciones que producen estrés en nuestra vida son observables, repetibles y temporales. Incluso la mejor semilla plantada en la estación errónea morirá. Del mismo modo, los líderes tienen que entender su etapa actual.

A veces experimentamos etapas de gran cosecha, pero son por episodios, no continuas. Vienen tras etapas de una tierra en barbecho en invierno, cuando vemos las primeras señales de crecimiento en la primavera de una organización y hemos soportado largos periodos de duro trabajo para prepararnos para la cosecha.

Somos bien conscientes de las etapas en ventas al por menor y en la vida de la iglesia. Muchas tiendas tienen la mitad de sus ventas anuales entre el Viernes Negro, después del día de Acción de Gracias, y el día de Navidad. Planifican ventas para aprovecharse de épocas específicas para seducir a las personas a entrar a su tienda o comprar en línea. Estas compañías piden productos con meses de anticipación y contratan más personal para estar listos para la avalancha de clientes. Las etapas de planificación y preparación son tan importantes como el corto tiempo en el que las cajas registradoras están sonando y las tarjetas de crédito están siendo deslizadas por los terminales.

Las iglesias se preparan para Navidad y Semana Santa, pero no están ociosas el resto del año. Están formando líderes, diseñando programas, y preparándose para las personas que solo entran por las puertas un par de veces al año. La asistencia, a menudo, aumenta al principio del año escolar y al comienzo del año nuevo. Los líderes sabios están preparados para capturar esos momentos cuando los corazones están particularmente abiertos.

Los matrimonios tienen etapas bastante predecibles de felicidad y dudas, aumentando su fortaleza mediante una comunicación más profunda y viendo cómo ese vínculo es probado con suegros, cuñados, hijos, dinero y diferencias en el apetito sexual. Estos cuatro asuntos probablemente constituyen el noventa por ciento de las conversaciones de las parejas en terapia. Ignorar las diferencias garantiza que cuando surja el conflicto, será incluso más intenso. En cambio, una etapa enfocada de honestidad, vulnerabilidad y compromiso puede llevar a la pareja a una nueva etapa de entendimiento y gozo.

El ciclo político es de dos o cuatro años y los partidos invierten incontables horas e inagotables sumas de dinero para prepararse para ganar votos. Solíamos enfocar nuestra atención en el proceso de votación solo unos meses antes de las elecciones, pero ahora parece que siempre estamos en época de elecciones.

Algunas mamás primerizas deciden pasar una etapa en casa con los bebés y los niños pequeños. Quizá han tenido buenas carreras, pero han tomado una decisión financiera y relacional para ajustar sus carreras para seguir algo distinto. Cuando los niños son un poco mayores y la familia está en una etapa distinta, mamá probablemente decidirá retomar su carrera. Los padres jóvenes quizá no tengan tanto tiempo para los deportes y los amigos por dedicar más tiempo a estar en casa. Algún día, la etapa de los deportes probablemente volverá, pero quizá sea un esfuerzo menos agotador, como los bolos en vez del baloncesto.

LAS ETAPAS EN LA VIDA DE UN LÍDER

Podemos identificar amplias etapas que caracterizan las vidas de la mayoría de los líderes:

PRIMEROS INTENTOS

En los primeros años, los líderes intentan muchas cosas para ver qué roles encajan con sus pasiones y talentos. En generaciones anteriores, las personas solían tener pocas opciones, y trabajaban en el mismo empleo que sus padres y abuelos. Hoy, los jóvenes tienen un abanico de posibilidades casi ilimitado, lo cual es tanto apasionante como desconcertante para muchos de ellos.

EL PUNTO ÓPTIMO

En algún momento, la mayoría de los líderes encuentran el punto óptimo y se dedican a aprender, crecer y mejorar en los terrenos que han escogido. Quizá regresan a los estudios, buscan un entrenamiento práctico o crean una nueva empresa en su garaje. En esta etapa, el líder en alza está afilando sus habilidades y desarrollando confianza.

CORRER FUERTE

Prácticamente todos los líderes tienen una etapa prolongada de correr fuerte y mucho, subiendo más, refinando sus habilidades de liderazgo y obteniendo sabiduría sobre ellos mismos y quienes los rodean. Se dan cuenta de que hay etapas particulares en sus familias, sus propias vidas y sus compañías, y se aprovechan de esos tiempos.

MENTOREAR

Años después, el líder tiene más sabiduría que energía, así que su etapa cambia y se convierte más en consejero que en quien implementa los planes. Esto no devalúa la influencia del líder. De hecho, esta puede ser una etapa para tener un impacto mayor que el que ha tenido nunca.

He observado un punto de inflexión en las vidas de los líderes: antes de los cuarenta y cinco años, se adelantan diciendo "sí". Tras ese tiempo, avanzan aprendiendo a decir "no". En la anterior etapa, estaban deseosos de probar cosas nuevas y asumir riesgos mayores, y a menudo tenían miedo de decir "no" cuando les pedían hacer algo. Pero en esta etapa posterior están más enfocados, más interesados en hacer unas cuantas cosas bien que en intentar hacerlo todo. Y tienen más confianza, así que pueden decir con más facilidad "no", incluso a oportunidades buenas.

Observé primero este patrón en mi propia vida. Para mí, el punto de inflexión llegó cuando tenía unos cuarenta y ocho años.

> ANTES DE LOS CUARENTA Y CINCO AÑOS, LOS LÍDERES SE ADELANTAN DICIENDO "SÍ". DESPUÉS, AVANZAN APRENDIENDO A DECIR "NO".

Antes, decía "sí" cuando alguien me pedía hablar: en iglesias, reuniones cívicas e incluso grupos de mujeres y en reuniones de niños. "¿Quiere que hable en las cinco reuniones? Sin problema, me encantaría." No tenía un músculo del "no" porque nunca lo ejercitaba. De hecho, la idea de decir "no" a alguien me creaba mucha ansiedad. Me preguntaba: *Si digo "no" esta vez, ¿me lo volverá a pedir alguien algún día?* Decir "no" significaba que me perdía la oportunidad inmediata, pero también arriesgaba futuras oportunidades. Al hacerme consultor, aceptaba a cualquiera que me pedía ayuda. No me daba cuenta de que tener dos buenos clientes era mejor que tener diez que no pudieran pagarme bien.

Mi forma de pensar cambió en esa crítica etapa. Entendí que me estaba limitando a mí mismo y agotándome al decir siempre "sí". Se formó un nuevo pensamiento en mi mente: tenía que soltar para subir. Tenía que decir "no" ampliamente para poder decir "sí" selectivamente. Desde ese tiempo, he rechazado muchas más oportunidades de las que he aceptado. He identificado más claramente mi zona de eficacia, influenciar a líderes, y tomo decisiones para mantenerme ahí. El temor que tenía antes ha sucumbido porque estoy más seguro de que este es el camino correcto para mí.

La importancia de utilizar el "no" para enfocar mi atención en una audiencia selecta se confirmó cuando llevé a veintidós grandes líderes a Panamá para hablarles sobre los principios de mi libro, *Liderazgo acelerado*. El libro usa la construcción del Canal de Panamá como una metáfora y como una plantilla para construir organizaciones.

En la primera reunión, le di a cada uno una hoja de papel y les pedí que escribieran las organizaciones a las que influencian y el tamaño de cada una de ellas. Entre las reuniones, pedí a alguien que calculara el total. Anuncié al grupo que ese pequeño número de líderes influenciaba a más de catorce millones de personas. Al influenciarlos a ellos, estoy sin duda alguna en mi zona. He aprendido a preguntarle siempre a mi audiencia o individuo: "¿Qué hay después? ¿En qué viaje estamos juntos para tener un mayor impacto?". Esta pregunta es ahora el centro de mi propósito.

En las primeras etapas de nuestras carreras de liderazgo, vamos en pos de la certeza y nos sentimos incómodos con la ambigüedad. Después de cierto momento, sin embargo, quizá cuando aprendemos a decir "no", entendemos que los mejores líderes no se ven amenazados cuando no conocen las respuestas y no pueden tomar decisiones instantáneas.

Creo que Moisés era un líder de más alto nivel que Josué. El joven había estado en la Tierra Prometida como espía. Su pensamiento era fresco y claro; su propósito estaba enfocado como un láser. Moisés, por el contrario, movía al pueblo solo cuando la columna de fuego o de humo se movía, no a su mandato. Tuvo que lidiar con devastadoras faltas de alimento y agua, rebelión, crítica y problemas personales. A través de toda la complejidad y confusión, se convirtió en uno de los líderes más sobresalientes que el mundo ha conocido jamás. ¿Insistimos en la certeza y las decisiones claras dentro de un marco de tiempo establecido? Si lo hacemos, puede que seamos muy buenos generales como Josué, pero puede que no seamos un gran líder como Moisés.

> LOS GRANDES LÍDERES ENTIENDEN QUE SUS VIDAS Y SU LIDERAZGO SON INHERENTEMENTE DISRUPTIVOS.

LA NECESIDAD DE LA DISRUPCIÓN

Puede que los buenos líderes se sientan exitosos cuando ponen todos los puntos sobre las "íes", y todas las barras sobre las "T", pero los grandes líderes entienden que sus vidas y su liderazgo son inherentemente disruptivos. Están pensando en cosas nuevas, introduciendo nuevas ideas, trazando nuevos caminos, creando nuevos productos y servicios, encontrando formas nuevas de conectar con personas, y mientras hacen todo esto, crean mucha tensión antes de resolver nada de ello.

El profesor de Maestría en Administración de Empresas y experto en cultura corporativa, John Mattone, observa: "La zona de comodidad: sí, uno se siente bien, pero en realidad es la existencia más dolorosa y no conducirá a ningún lado. Los mejores CEO son constantemente disruptivos".[17]

No creamos la disrupción como un medio de desequilibrar a las personas para poder controlarlas. Eso es patología, no liderazgo. En cambio, entendemos que tener cierto nivel de disrupción es inevitable al hacer avanzar nuestras organizaciones. El rey Salomón quizá no fuera agricultor o ranchero, pero entendía cómo usar las analogías del campo. Él escribió: *"Donde no hay bueyes el granero está vacío; con la fuerza del buey aumenta la cosecha"* (Proverbios 14:4). Si queremos que todo en nuestras organizaciones esté limpio y ordenado, nos perderemos la oportunidad de usar la creatividad y la fortaleza de nuestras mejores personas, ¡personas cuyas contribuciones a menudo crean líos!

Tenemos la responsabilidad de crear cierto nivel de disrupción al incorporar de forma intencional las mejores ideas y probar nuevas direcciones. De lo contrario, sufriremos el alboroto forzado por las circunstancias que parecen estar fuera de nuestro control. O dirigimos valientemente en medio del alboroto, o nos aplastará; es nuestra decisión. Los líderes que insisten en un entorno coherente y predecible valoran la seguridad más que el progreso, y su meta es evitar la pérdida.

Una gran parte de nuestra gente prefiere un entorno predecible, pero conocemos el valor de la "disrupción guiada". Nuestra tarea es ayudar a las personas a ver los beneficios en las etapas de

---

17. John Mattone, hablando en el foro The World Business Forum, citado en la revista *CEO Magazine*, mayo de 2016, https://business.nab.com.au/insights-from-john-mattone-at-the-world-business-forum-16977-16977/

ambigüedad cuando las cosas no están claras, las etapas de caos cuando el final no se vislumbra, y las etapas de duda cuando se preguntan si hemos perdido el juicio. Estos son los tiempos de disrupción en los que pueden ocurrir grandes avances. Son las etapas de las posibilidades, la esperanza y el crecimiento exponencial.

Espero estar interrumpiendo tu pensamiento. Quiero llevarte a pensar en aceptar las etapas de ambigüedad e incluso darles la bienvenida, en lugar de creer que hay algo trágicamente equivocado cuando no tienes todas las respuestas. Quiero hacerte sentir incómodo… ¡y que te guste! De hecho, si no sientes cierta resistencia a este concepto, no lo he explicado lo suficientemente bien.

Quiero que me veas como si yo fuera un dentista y tú estuvieras en la silla. Mientras más me acerque a ti y al nervio expuesto con el taladro en mi mano, más te encoges. Si te levantas y te vas, seguirás teniendo esa caries y te causará aún más daño. Pero si vences tu resistencia, te quedas en la silla y te entregas al proceso, podemos tratar el problema para que puedas continuar con tu vida.

Otra analogía ilustra el mismo punto: un piloto de combate sabe que está en el lugar correcto cuando está recibiendo fuego antiaéreo. Si no está recibiendo fuego antiaéreo por sus ideas disruptivas, aún no está sobre el blanco. Sigue volando.

Permíteme avanzar un poco más: la tercera ley de Newton dice que cada acción tiene una reacción igual y opuesta. Si tu meta es eliminar toda disrupción, no te moverás en absoluto. Si avanzas, si mueves la barca y produces olas, recibirás una reacción igual y opuesta, al menos de algunas personas. A veces la resistencia es tu propia sensación de que el buen liderazgo debería crear un estanque inmóvil; esta idea del liderazgo disruptivo parece extraña y errónea. Pero con frecuencia, la resistencia viene de quienes esperan que tú siempre les des aguas tranquilas. Tu trabajo es ayudarles a aceptar la disrupción y la ambigüedad para que se pueda producir un verdadero progreso.

Consejeros, coaches y grandes líderes empresariales entienden que la resistencia es inevitable si las organizaciones quieren avanzar. No es un fallo, y no es un pecado. No hacemos progreso personalmente sin crear tensión entre lo que ha sido y lo que puede ser. Las personas de nuestras organizaciones no avanzarán hasta que aprendan a interpretar su incomodidad como una oportunidad para ser más creativos y eficaces que nunca. Nuestro trabajo es replantear su resistencia por ellos.

> LAS PERSONAS DE NUESTRAS ORGANIZACIONES NO AVANZARÁN HASTA QUE APRENDAN A INTERPRETAR SU INCOMODIDAD COMO UNA OPORTUNIDAD PARA SER MÁS CREATIVOS Y EFICACES.

No estoy diciendo que cada vez que otros resistan nuestras ideas signifique que tenemos la razón y que ellos sean lentos y tontos. ¡Puede que tengan buenas razones para resistir nuestras ideas! La resistencia nos obliga a pensar con más profundidad, a comunicarnos con más claridad, a determinar si el camino en el que estamos se puede mejorar, y después ayudar a las personas a ver los beneficios de una etapa de caos.

POR QUÉ EL CAMBIO ES TAN DIFÍCIL

Algunos procesos en la naturaleza son claros y directos: plantamos un manzano y, si lo cuidamos, obtendremos manzanas en el otoño; si tenemos un problema con el drenaje, podemos cavar una zanja para drenar el agua. Entonces, ¿por qué cambiar es tan difícil para las personas, incluso para los que son líderes y están dedicados a liderar el cambio en sus organizaciones?

El pastor Charles Stone ha hecho algunas observaciones notables sobre la resistencia al cambio, la resistencia que está arraigada profundamente en las células grises y sinapsis de nuestro cerebro. Si entendiéramos cómo trabaja nuestro cerebro internamente, no nos sorprenderíamos cuando nosotros u otras personas somos tan lentos para hacer las cosas que nos prometen vida, salud, crecimiento y éxito.

Stone conecta con las investigaciones para mostrar que dos tercios de las células de nuestra amígdala, la parte más básica de nuestro cerebro, están creadas para detenerse, luchar o huir. Recogemos señales negativas de nuestro entorno con más facilidad que las positivas, así que estamos en guardia de forma normal y continua. Cuando esta parte del cerebro se activa, las personas responden con temor de forma natural, lo cual provoca las reacciones defensivas.

Las emociones y las percepciones preexistentes son como una puerta en nuestro cerebro, que está abierta o cerrada al cambio. Las personas que siempre están temerosas, ansiosas, dolidas o avergonzadas, tienen barricadas sobre la puerta, cerrando así cualquier oportunidad para cambiar el rumbo y dar pasos valientes hacia delante. No importa cuántos "hechos convincentes" presente el líder, la barricada mantiene cerrada la puerta de forma eficaz.

La resistencia al cambio se vuelve más aguda a medida que se acerca el evento. Cuando el cambio estaba en el futuro lejano, las personas quizá estaban abiertas al cambio e incluso deseosas porque aún era solo un concepto. Sin embargo, a medida que se acerca el momento de implementarlo, aumenta la ansiedad, los temores se multiplican, y nuestra mente marcha a toda máquina imaginándose los costos más que los beneficios. En este punto, las personas hacen más preguntas, pero a menudo para encontrar una manera de abandonar, no de avanzar. Stone observa: "El optimismo desinformado da lugar a un pesimismo informado".[18]

Con la edad, el cableado de nuestro cerebro se vuelve más rígido, así que estamos menos abiertos al cambio. La caricatura del gruñón que rehúsa considerar incluso el más mínimo cambio positivo tiene más que una pizca de verdad. De forma gradual nos vamos volviendo más fijos en nuestro pensamiento, y hábitos establecidos de toda una vida hacen que nos resulte difícil considerar nuevas posibilidades.

Nuestros cerebros producen varias sustancias químicas que elevan nuestra sensación de felicidad, contentamiento y placer: dopamina, oxitocina, serotonina y endorfinas. De forma natural gravitamos hacia actividades que liberan esas sustancias químicas, y de forma natural nos alejamos de lo que las bloquean. Nuestro cerebro por lo general interpreta el cambio como una amenaza, lo cual bloquea estas sustancias, y nuestro cerebro interpreta la oportunidad de escapar del cambio como una señal para liberarlas.

Así, la resistencia al cambio no solo está razonada y cuidadosamente considerada. Es la forma que tiene el cerebro de advertirnos que el cambio podría ser peligroso. Podemos vencer esta reacción de parada, lucha o huida creando un entorno en el que las personas se sientan seguras y apreciadas, liberando los químicos positivos en el cerebro, lo cual abre la puerta a hablar sobre los beneficios del cambio. Habla no solo con las personas que tienes sentadas frente a ti; habla con la actividad interna de sus cerebros.[19]

---

18. Charles Stone, *Brain-Savvy Leaders: The Science of Significant Ministry* (Nashville, TN: Abingdon Press, 2015), p. 145.
19. Charles Stone, "8 Neurological Reasons Why Church Change Is So Difficult", *Outreach Magazine*, 5 de marzo de 2018 http://www.outreachmagazine.com/features/leadership/27000-8-neurological-reasons-church-change-difficult.html.

LA TAREA DE REESTRUCTURAR

He visto a muchas personas que han resistido largas etapas de desánimo, incluso depresión, porque no supieron cómo reestructurar el fracaso o el sufrimiento. Los eventos dolorosos consumieron su pensamiento y enseguida erradicaron todo gozo de sus vidas. En esta mentalidad negativa y de desánimo, el gran éxito tan solo les daba un alivio momentáneo. Estaban en un largo invierno de descontento, pero sin esperanza de una primavera.

Cuando estamos en una época de tiempos difíciles, es fácil perder la perspectiva. Tenemos que hacer algo que sea opuesto a nuestra inclinación natural, es decir, queremos aislarnos y escondernos, pero en su lugar tenemos que encontrar un par de personas que pasen por esto con nosotros. Necesitamos personas que muestren tres características vitales: competencia, franqueza y compromiso. Deben tener experiencia y destreza en ayudar a personas que están luchando.

No llamamos al tío Harold porque es el único que se nos ocurre. Hacemos una lista corta de personas que tienen un buen historial de brindar verdadera sabiduría. Buscamos personas que nos digan la verdad, la verdad positiva sobre nuestras fortalezas y el amor de Dios, pero también la dura verdad sobre dónde hemos perdido el norte. Y necesitamos personas que estén comprometidas con nosotros, incluso cuando ofrezcamos resistencia, incluso cuando los evitemos e incluso cuando seamos muy lentos para el cambio. Estas son personas que, como los describió un líder, siempre nos dejan entrar, pero nunca nos decepcionan.

Muchas personas en esta etapa oscura se sienten abrumadas por el estrés. A veces, la presión y la pérdida sucedió en un instante, pero la mayoría de las veces se acumuló lentamente... tan lentamente que el líder no se dio ni cuenta hasta que el daño ya estaba hecho. El estrés es la percepción de falta de ayuda a la hora de tratar con serias demandas. No existe de forma aislada; siempre es el producto de las dificultades con personas y eventos. La respuesta a esas dificultades depende de la sensación que tiene el líder de su capacidad para abordarlas.

Por eso algunos líderes se vuelven más fuertes al pasar por tiempos difíciles y otros fallan. La cultura popular dice que la respuesta es retirarse, escapar y evitar el estrés. Eso puede ser útil para un respiro temporal, pero no tratará el problema subyacente. Los líderes tienen que pensar mejor para que puedan actuar mejor y después, tarde o temprano, probablemente se sentirán mejor.

Las pérdidas son un hecho en la vida. Mientras estemos sobre esta tierra sufriremos problemas, traición y fracaso de un tipo o de otro. Uno de nuestros desafíos es repartir bien la responsabilidad. Muchas personas se sienten culpables

> NO PODEMOS AVANZAR HASTA QUE NO NOS APENEMOS POR LO QUE NO PUDIMOS CONTROLAR, PERDONEMOS A QUIENES NOS OFENDIERON Y PIDAMOS PERDÓN POR LAS OFENSAS QUE HAYAMOS COMETIDO.

por cosas que no controlaron y muchas niegan la responsabilidad por errores que cometieron. No podemos avanzar hasta que no ordenemos estas cosas, hasta que no nos apenemos por lo que no pudimos controlar, perdonemos a quienes nos ofendieron y pidamos perdón por las ofensas que hayamos cometido. Todos tenemos defectos, pero podemos tener una nueva identidad como hijos de Dios amados, perdonados y adoptados. Como dijo Winston Churchill: "Todos somos gusanos, pero yo creo que soy un gusano con brillo".

Si miramos bien, nos daremos cuenta de que hay un valor redentor en cada fracaso, al margen de quién lo causó. Si aprendemos a pensar correctamente al respecto, tendremos expectativas realistas, aprenderemos a ver los estreses a través de lentes de esperanza, y viviremos con más paz y seguridad. Esto nos dará la plataforma para ayudar a los que nos rodean y reestructurar las etapas de dificultad que soportan. A quienes vemos como héroes hoy no se les considera grandes debido a un éxito ininterrumpido, sino porque consiguieron sobreponerse al éxito aplastante y a la adversidad.

MIS ETAPAS, TUS ETAPAS

La vida es todo menos estática. Meditando en el matrimonio, el teólogo Lewis Smedes escribió:

Cuando me casé con mi esposa, apenas tenía una pizca de sensación de saber en lo que me metía con ella. ¿Cómo podía saber lo mucho que iba ella a cambiar en 25 años? ¿Cómo podía saber lo mucho que cambiaría yo? Mi esposa ha vivido al menos con cinco hombres distintos desde que nos casamos, y cada uno de ellos he sido yo.[20]

Al igual que Smedes, yo he tenido más temporadas que un programa de televisión, y Brenda ha estado conmigo pacientemente durante todas ellas. Cada vez, cuando era estudiante, pastor de jóvenes, pastor principal, presidente de la universidad o consultor, intenté entender las expectativas para que mis pensamientos, palabras y acciones fueran apropiados para esa etapa de mi vida. No estaba pensando en la siguiente etapa. Solo quería ser maduro en esa etapa.

Algunos son líderes con aspiraciones; han trazado unos planes cuidadosos para avanzar en su carrera. Yo soy un líder por accidente; todos los cambios de función durante los años fueron una sorpresa para mí. De hecho, la única aspiración que tenía era ser pastor porque mi padre era pastor, pero el resto de las

---

20. Lewis Smedes, "Controlling the Unpredictable - The Power of Promising", *Christianity Today*, 21 de enero de 1983, pp. 16-19.

funciones me fueron impuestas de algún modo. Quizá la más inusual fue ser presidente de la universidad. Los estatutos de la escuela les obligaban a seleccionar a alguien que fuera miembro de la denominación, y yo era un graduado. Era una de las tres personas que podían optar al puesto y los otros dos no estaban interesados en el trabajo. Eso me dejó a mí como el único candidato viable. Imagino que la reunión del consejo no fue demasiado polémica.

Cada una de estas etapas me exigió crecer, desarrollar y aprender a pensar mejor que antes.

A veces tengo conversaciones con personas que dicen: "Sam, me gustaría hacer lo que tú haces. ¿Qué pasos tengo que dar?".

Yo respondo: "Estupendo. Simplemente sitúate en una posición para aprender y comparte lo que hayas aprendido".

No digo: "Mira, solo tienes veintisiete años. Aún estás intentando descubrir lo que quieres hacer. No tienes experiencia suficiente ni sabiduría aún. Vive un poco, lidera mucho y observa dónde te lleva eso. Tienes que verte como si fueras sabio. Regresa dentro de veinte o treinta años y hablaremos más de esto".

SOMOS MADUROS Y OBTENEMOS SABIDURÍA CUANDO...

No maduramos necesariamente con el paso de los años. Conozco a algunos jóvenes que son mucho más maduros que los años que tienen, y conozco a algunas personas mayores que se comportan como niños. Lo sé porque a veces soy uno de ellos. ¿Cómo sabemos que estamos obteniendo sabiduría? Estos son algunos indicadores:

ESCUCHAMOS A PERSONAS QUE TIENEN PUNTOS DE VISTA DISTINTOS

Esto incluye a personas con persuasiones políticas, filosofías de negocio, metas de liderazgo y perspectivas teológicas distintas a las nuestras. No tenemos que estar de acuerdo con ellos y no tenemos que comprar lo que venden, pero podemos mostrar respeto escuchándolos. Para saber más, hacemos segundas y terceras preguntas. Aprendemos y crecemos cuando somos expuestos a personas con perspectivas distintas. Todo el crecimiento tiene que ver con la exposición.

AMAMOS A PERSONAS QUE NO SON ENCANTADORAS

¿En quién piensas cuando lees esta frase? Prácticamente todos tenemos rostros que vienen a nuestra mente. Sí, podemos amarlos, pero todo el mundo es poco menos que encantador de vez en cuando, incluso tú y yo.

ENTENDEMOS QUE TENEMOS QUE SOMETERNOS AL LIDERAZGO DE OTROS

No maduraremos en sabiduría y fortaleza nosotros solos. Tenemos que seguir a un líder para poder absorber las lecciones que esa persona ha aprendido. Los líderes empresariales a menudo reconocen la importancia de un mentor y asisten a conferencias para afilar su pensamiento. Los pastores a menudo intentan dirigir solos. Todos necesitamos un coach o mentor, sin excepciones. No tiene que ser alguien de la ciudad, del mismo campo o de la misma tradición de fe, pero debe ser alguien que se haya ganado nuestro respeto para que estemos dispuestos a abrirnos y ser honestos.

REESTRUCTURAMOS EL ESTRÉS Y EL FRACASO PARA APRENDER DE ESOS TIEMPOS

Nuestras percepciones de éxito y fracaso se descargaron en nuestro cerebro desde que éramos niños. No cambian con facilidad, pero pueden cambiar. Como hemos visto, aprender a reestructurar la adversidad es una de las cosas más importantes que los líderes harán jamás. Afectará radicalmente sus actitudes, sus relaciones, sus pasiones y su salud.

PENSAMOS DE FORMA MÁS EXPANSIVA Y HACEMOS MEJORES PREGUNTAS

Las personas inmaduras están pensando en lo que van a decir mientras que otros hablan, pero una persona madura está plenamente presente, intentando entender antes de hablar, para ser entendido. Ya no estamos "encerrados" en una sola manera de ver a una persona, una oportunidad, un problema o un evento. Hacemos muchas preguntas y, con el tiempo, nuestras preguntas van siendo cada vez más incisivas. Pasamos tiempo con personas que tienen experiencias y perspectivas distintas, en vez de estar solamente con personas que están de acuerdo con nosotros sobre prácticamente todo.

¿Cuándo fue la última vez que estuviste en una conversación incómoda? ¿Qué fue lo que te hizo sentir incómodo de la conversación? ¿Saliste corriendo, luchaste, o te calmaste y te involucraste más plenamente con la persona?

NUNCA DEJAMOS DE SEGUIR NUESTROS SUEÑOS

A menudo comenzamos nuestra aventura como líderes llenos de visión y entusiasmo, pero con el tiempo, podemos desanimarnos. Muchos líderes con los que me reúno piensan en "los buenos tiempos del ayer" antes de que los estreses y las presiones comenzaran a pasarles factura. Los líderes sabios y maduros no niegan la presencia del fracaso y de otras incontables dificultades, pero encuentran maneras de seguir rellenando los tanques de su visión. No se

> LOS LÍDERES SABIOS Y MADUROS NO NIEGAN LA PRESENCIA DEL FRACASO, PERO ENCUENTRAN MANERAS DE SEGUIR RELLENANDO LOS TANQUES DE SU VISIÓN.

sorprenden cuando el nivel de su pasión y entusiasmo decrece; es parte de la vida. Pero siempre leen grandes libros y artículos, escuchan podcasts y hablan con otros líderes para mantenerse llenos y rebosantes.

Todos tenemos espacio para crecer, para aprender y para madurar más, quizá mucho más. Aprecio a los hombres y las mujeres que tienen el valor de admitir que aún están en proceso, y de hecho, siempre estarán en proceso. Reconocen las estaciones en el calendario, pero incluso más, se dan cuenta de las estaciones de sus propias vidas. Pensar en las estaciones de la vida les da perspectiva, paciencia y esperanza.

PARA PENSAR...

1. ¿Qué te irrita? ¿Qué eventos o personas te hacer recurrir a una respuesta infantil? (si estás sentado junto a alguien en tu lista, ¡escribe en código!).

2. ¿Cómo caracterizarías la etapa de la vida en la que estás ahora mismo? ¿En qué etapa está tu familia? ¿Cómo te ayuda reconocer las oportunidades y limitaciones de las etapas?

3. ¿Cuáles son algunos beneficios de decir "sí" cuando eres joven? ¿Por qué es importante desarrollar un músculo del "no" en algún momento? ¿Estás ya en ese momento? ¿Por qué o por qué no?

4. ¿Te sale de forma natural aceptar o resistir la necesidad de ser un líder disruptivo? Explica tu respuesta.

5. ¿Cuáles son algunas formas comunes en las que la mayoría de las personas interpretan el fracaso y las dificultades? ¿Cómo les afectan estas interpretaciones a ellos y a los que tienen a su alrededor?

6. ¿Cuáles son algunas formas en las que te ayudaría el hecho de reestructurar las dificultades? ¿Qué diferencia marcaría?

7. ¿En quién puedes confiar para que te ayude a navegar por la etapa actual y las siguientes de tu vida?

7

¿QUIÉN SE UNIRÁ A MÍ?
LA PREGUNTA SOBRE EL EQUIPO

Nunca te preocupes solo. Cuando la ansiedad atenaza
mi mente, se perpetúa a sí misma. Los pensamientos de
preocupación se reproducen más rápido que los conejos,
así que una de las formas más poderosas de detener la
espiral de preocupación es simplemente revelarle mi
preocupación a un amigo… El simple hecho de tener
la reafirmación de otro ser humano se convierte en una
herramienta del Espíritu para echar fuera el temor, porque
tanto la paz como el temor son contagiosos.
—John Ortberg, Jr.

En 2004, los Juegos Olímpicos de Verano regresaron a Grecia,
el lugar de los juegos originales hace más de 2500 años atrás. Los
Estados Unidos llevaron a los mejores deportistas de nuestra
nación para competir en decenas de deportes. En los dos Juegos de
Verano previos, nuestros equipos de baloncesto no habían sido los
mejores *amateurs* del país; eran los mejores jugadores *profesionales*

de la NBA. El "dream team" de 2004 tenía un grupo de futuras estrellas del Salón de la Fama, incluyendo a LeBron James, Dwayne Wade, Tim Duncan y Allen Iverson, y fueron dirigidos por el entrenador del Salón de la Fama Larry Brown. De todos los equipos de baloncesto que el mundo jamás hubiera formado, este sería de los mejores, o el mejor. Todos, incluso los jugadores de otros equipos, los consideraban invencibles.

No lo eran. En el primer partido, los Estados Unidos jugaron contra la isla de Puerto Rico. Iba a ser solo un calentamiento para los Estados Unidos, pero los desconocidos jugadores de Puerto Rico los barrieron de la cancha. El marcador final fue un bochornoso 92 a 73, la peor derrota (y solo la tercera derrota) en la historia del baloncesto olímpico de los Estados Unidos. Brown y los jugadores insistieron en que fue solo una llamada de atención.

El equipo de los Estados Unidos trabajó mucho para ganar los dos partidos siguientes contra Grecia y Australia. Después se enfrentaron al diminuto país báltico de Lituania. En otra sonora derrota, los Estados Unidos fueron vencidos 94 a 90. Ahora debían ir cuesta arriba si querían la medalla de oro. Derrotaron a dos equipos más, Angola y España. En las semifinales se enfrentaron a un equipo de Argentina sorprendentemente fuerte. Los sudamericanos jugaron mejor que los poderosos estadounidenses y ganaron 89 a 81. Los Estados Unidos jugaron de nuevo contra Lituania en un partido de consolación por la medalla de bronce. Esta vez ganaron, pero el aguijón de la derrota no se podía borrar. El equipo de ensueño que había viajado a Grecia con unas expectativas tan altas, terminó siendo el equipo pesadilla. Larry Brown asumió la responsabilidad del mal trabajo de equipo, diciendo:

> Me siento humillado, no por la derrota, siempre sé manejar las victorias y las derrotas, pero estoy decepcionado porque tenía un trabajo que hacer como entrenador: que

entendiéramos cómo debemos jugar como equipo y actuar como equipo, y creo que no supimos hacer eso.[21]

UN EQUIPO Y UN RESULTADO DIFERENTES

Otro conjunto de deportistas puede contar una historia muy diferente sobre el trabajo en equipo. Joe Rantz se crió tan pobre como cualquiera pudiera serlo durante la Gran Depresión. Su futuro parecía desolador, pero tenía dos ventajas: era un deportista increíble y tenía gran hambre de éxito. Le fue bien en la escuela, y consiguió una beca para la Universidad de Washington. Allí, hizo las pruebas para ser el octavo hombre en el equipo de remo. Su talento estaba en bruto, pero el entrenador quedó impresionado por el valor y la determinación de Joe. Joe entró en el equipo, y durante dos años fue parte de la tripulación junto a otros siete jóvenes que en 1935 estaban decididos a vencer a su archienemigo de siempre: la Universidad de California en Berkeley. En una carrera emocionante, ganó Washington. Viajaron hacia el este para competir contra los mejores remeros de la Liga Ivy, entonces, sorprendentemente, también ganaron allí. Su meta, no obstante, no era solo ganar a equipos universitarios de los Estados Unidos. Los Juegos Olímpicos de 1936 en Berlín estaban a la vista, y querían clasificarse como el equipo americano. Al año siguiente, derrotaron a los mejores de América y se clasificaron para los juegos en Berlín.

Cuando llegaron a Alemania, los ocho remeros y su enérgico timonel, Bobby Moch, no tenían credenciales impresionantes. Eran los hijos de trabajadores del astillero, leñadores y granjeros, pero habían derrotado a hijos de banqueros, abogados, barones empresariales y senadores. Ahora se enfrentaban a los hijos rubios de la élite nazi. El día de la carrera en Berlín, a los estadounidenses les asignaron un carril exterior que los exponía a un fuerte viento

---

21. "Ugly American Basketball", Thomas S. Hibbs, *National Review*, 16 de agosto de 2004, https://www.nationalreview.com/2004/08/ugly-american-basketball-thomas-s-hibbs.

de cara. Los alemanes consiguieron el preferido carril interior y eran los grandes favoritos, especialmente desde que Adolf Hitler apareció para ver la carrera.

Durante la mayor parte del recorrido, los estadounidenses fueron detrás. Entonces, en una de las derrotas más sorprendentes de la historia olímpica, el equipo estadounidense salió de la nada para vencer a los alemanes en la línea de meta. Sucedió porque nueve jóvenes creyeron el uno en el otro, se animaron unos a otros y dieron todo lo que tenían por el otro. El emotivo relato que hace Daniel James Brown de este equipo, *The Boys in the Boat* (Los chicos de la barca), da muchos detalles de cómo este equipo logró lo que la mayoría pensaba que era imposible. Brown comenta:

> EN EL CAMINO AL ÉXITO, EL TRABAJO EN EQUIPO TRIUNFA SOBRE EL TALENTO.

Contra el sombrío trasfondo de la Gran Depresión, rea- firmaron el concepto americano de que el mérito, al final, supera al derecho de nacimiento. Le recordaron al país lo que se puede hacer cuando todos empujan literalmente juntos. Y aportaron esperanza de que en el titánico esfuerzo que nos espera, el despiadado poder de los nazis no pre- valecería sobre el valor, la determinación y el optimismo americanos.[22]

Al analizar empresas, organizaciones sin fines de lucro e igle- sias, lo he visto una y otra vez: personas promedio que traba- jan como equipo sobrepasarán de forma increíble a las personas

22. De la página web del autor, *The Boys in the Boat*, Daniel James Brown, http://www. danieljamesbrown.com/books/the-boys-in-the-boat/#.WuCXjsgh1-0.

talentosas que no se juntan como equipo. En el camino al éxito, el trabajo en equipo triunfa sobre el talento.

LECCIONES DEL EQUIPO DE REMO

Los jóvenes de ese equipo de remo de la Universidad de Washington pueden enseñarnos valiosas lecciones sobre cómo funcionan los equipos de manera más eficaz. Permíteme hacer algunas observaciones:

TODOS DEBEN MIRAR HACIA LA MISMA DIRECCIÓN

Piensa en lo ridículo que sería si varios de los hombres en la barca intentaran remar en dirección contraria. Habría caos y conflicto, la nave no avanzaría mucho, y no tendrían oportunidad de ganar una carrera. En nuestros equipos, todos deben tener muy clara la línea de meta para que todos empleen sus esfuerzos en ir en la misma dirección.

EL TIMONEL MARCA EL RITMO DEL EQUIPO TODO EL CAMINO

El timonel, el entrenador a bordo de facto, establece el ritmo y la dirección, ejecuta la estrategia y facilita la comunicación entre los remeros. Si el equipo va demasiado rápido, no tendrán suficiente energía para el sprint final en la línea de meta. El timonel marca el ritmo para las paladas de los remeros, observando el viento y las otras barcas para saber cuándo pedir el máximo esfuerzo.

CADA REMERO MANTIENE UNA DISCIPLINA PERSONAL

Remar exige una fuerza y resistencia increíbles durante el transcurso de la carrera. Sacar el remo demasiado rápido o demasiado lento, recoger agua al regreso, o no mantener el ritmo exacto marcado por el timonel frena la nave y puede hacer que los remos se choquen, impidiendo así que el equipo gane. Cada persona del equipo tiene que mantener una disciplina rigurosa de inicio a fin.

CADA PERSONA TIENE UNA RESPONSABILIDAD PARTICULAR

Uno o dos miembros del equipo aportan la fuerza. Cuando otros están cansados, estas personas reman con más fuerza aún. Otros tienen el papel de ser regulares y metódicos en sus paladas. Una persona cerca del timonel es a quien otros miran para ver el ritmo. Este remero pone el ejemplo para que todos los demás lo sigan.

LA CARRERA ES CONTRA SU MEJOR TIEMPO

Sin duda, querrán ganar a las demás barcas en el agua, pero vencer su mejor tiempo es la mejor meta para un equipo de remo. Si el timonel siente la necesidad de estar siempre delante, comenzará con un ritmo que el equipo no podrá mantener y se desvanecerán a la mitad o al final de la carrera. Cada equipo tiene que encontrar el ritmo que saque lo mejor de ellos.

EL TIMONEL ES EL CAPITÁN DEL BARCO

Todos los remeros van de espaldas hasta la línea de meta. No pueden ver adónde van, pero ven al timonel sentado en la parte trasera de la nave con una mano en el timón y la otra en el megáfono para dar instrucciones. Tras incontables horas juntos entrenando y compitiendo, han aprendido a confiar en sus instrucciones, incluso cuando parece que se están quedando demasiado atrás.

EL TRABAJO EN EQUIPO RESULTA DIVERTIDO

Entre los jóvenes del equipo de Washington, la competencia era una forma de vida, pero era una competencia amistosa. Se animaban unos a otros a intentarlo con más ganas, a ser más disciplinados y a trabajar juntos aún más. Según veían el progreso, celebraban cada segundo que batían de su mejor tiempo. Y con cada entrenamiento y carrera, crecían en amor y respeto los unos por los otros.

¿Les sirven a ti y a tu equipo estas lecciones? Claro que sí.

LA CULTURA EMPIEZA POR ARRIBA

Los directores de nivel medio, miembros de la plantilla, empleados de primera línea y voluntarios no establecen la cultura de una organización, pero sus actitudes y acciones son una evidencia viva de la cultura. No importa cuántas veces proclame el CEO: "Somos una compañía centrada en el cliente", no se necesitan muchas malas experiencias en el servicio con un vendedor gruñón para revelar que la afirmación es falsa. Cuando devolvemos una camisa que no nos quedaba bien o una llave inglesa que no necesitábamos, la mirada del vendedor tras el mostrador nos dice mucho sobre el entorno y los valores de la empresa.

En mi libro, *Inspira*, describo un abanico de culturas, desde las saludables hasta las no saludables. La cultura de una organización puede ser inspiradora, tolerante, estancada, desalentadora o tóxica. Para resumir las características de cada una:

- En culturas *inspiradoras*, los líderes cultivan una atmósfera de confianza y respeto, se recompensa la creatividad y los fracasos se ven como peldaños hacia el crecimiento.

- En culturas *tolerantes*, la atmósfera es por lo general positiva, pero las personas tienen que caminar de puntillas sobre ciertos temas. Los líderes invierten en el desarrollo de las personas, pero a menudo son lentos en hacer los cambios de personal necesarios.

- En culturas *estancadas*, los miembros de la plantilla son vistos como unidades de producción y no como personas valoradas. Los empleados toleran a sus líderes, pero los respetan poco. Las quejas se convierten en el deporte más popular y las personas están más preocupadas por su sueldo y estatus que por la visión de la compañía.

+ En culturas *desalentadoras*, los ejecutivos se preocupan solo por su prestigio, poder y carteras. Las luchas de poder son un juego diario y la supervivencia es la meta diaria de los empleados. En este entorno, los líderes se vuelven más rígidos y demandantes. La cultura se crea arriba, se sostiene abajo, y crece o se destruye en el medio.

+ En culturas *tóxicas*, los líderes abusan de su poder a expensas de todos los demás en la organización. El temor es la motivación más común entre la plantilla. Los lapsos éticos se ignoran. Estas organizaciones echan a sus mejores personas y atraen solo a los que están desesperados o son lo suficientemente necios para unirse al caos.[23]

MIRA BIEN

¿Cómo pueden evaluar los líderes la salud de la cultura de su organización? Muchas veces estamos tan cerca de las personas y los procesos que no tenemos una perspectiva clara. Una de las formas de mirar cualquier entorno es compararlo con un conjunto de puntos de referencia. Repasa mi lista de síntomas comunes de una cultura no saludable:

+ Los empleados de primera línea y voluntarios carecen de entusiasmo. Se quejan más de lo que celebran.

+ Las conversaciones apasionadas y visionarias entre el equipo son raras. ¿Por qué es esto importante? El tema de nuestras conversaciones a menudo es lo que más nos importa. Cuando no hablamos de nuestras esperanzas y sueños, podría indicar que han muerto.

+ Hay un alto índice de reemplazos entre los empleados y voluntarios.

23. Condensado y adaptado de *Inspira*, Samuel R. Chand (New Kensington, PA: Whitaker House, 2018), pp. 27-39.

+ Empleamos una enorme cantidad de tiempo intentando resolver malentendidos y conflictos.

+ Las personas forman camarillas, y estos grupos se aíslan y guardan rencor a otros.

+ Las "políticas de oficinas" y las luchas de poder son un drenaje constante de tiempo y atención.

+ Cuando las personas se ríen, es con sarcasmo.

+ Los líderes de nivel medio protegen su zona y se aíslan para que nadie les diga lo que deben hacer.

+ El éxito crea la misma cantidad de resentimiento que de celebración.

+ La carga de trabajo no es regular y predecible. Las fechas límite no realistas y una frenética avalancha de trabajo van seguidos de raros y confusos momentos de calma.

+ Los chismes envenenan la atmósfera y hacen que las personas se vuelvan agresivas o se protejan… o ambas cosas.

+ Los líderes dejan que todo esto suceda sin tener la sabiduría o el valor de abordarlo.

(Si quieres que las personas de tu organización hagan un sondeo gratuito para medir siete características de la cultura, visita www. samchandculturesurvey.com).

Cada organización tiene una cultura particular. Una cultura estancada, desalentadora o tóxica crea una nube de sospecha, desconfianza y temor. Los grandes líderes, los líderes que observan y piensan en la cultura de sus equipos, asumen la responsabilidad de crear un entorno saludable en el que las personas se sientan valoradas y quieran dar lo mejor de sí cada día.

La cultura es más importante que la estrategia. Peter Drucker comenta: "La cultura se come a la estrategia para desayunar".[24] Y yo digo que una cultura tóxica se come a la visión para almorzar.

TRES "OBLIGACIONES" CULTURALES

De mis experiencias con líderes en un amplio abanico de organizaciones, he identificado tres factores que son cruciales para la felicidad, el trabajo en equipo y la productividad:

1. RETROALIMENTACIÓN POSITIVA

En organizaciones saludables, los líderes dan afirmación frecuente y genuina. Buscan oportunidades de darles un golpecito en la espalda a las personas, destacar la creatividad y tenacidad para terminar el trabajo, y pasos de éxito. Dan estas palabras de ánimo públicamente y también en privado, haciendo "ingresos" en la cuenta bancaria emocional de la persona. En este entorno, los "reintegros" de corrección no dejan la cuenta en números rojos.

2. RESPETO MUTUO

En las culturas positivas y productivas, los líderes cultivan pasión en su equipo para conseguir su apoyo sugiriendo y pidiendo, invitando a las personas a tomar la iniciativa para encontrar formas creativas de cumplir una tarea, en lugar de demandar conformidad. Estos líderes emplean tiempo en escuchar; piden la opinión y retroalimentación en una relación colaborativa. En vez de ser siempre la fuente de "la respuesta correcta", a menudo preguntan a otros: "¿Qué crees que deberíamos hacer?". "¿Cuáles son tus mejores ideas?". "¿Cuál crees tú que es nuestro siguiente paso?". El respeto saca lo mejor de las personas. John Mattone, un experto en cultura de empresas, afirma: "El rol del CEO actualmente es

---

24. Citado en "Drucker Said 'culture Eats Strategy for Breakfast' And Enterprise Rent-A-Car Proves It". Shep Hyken, *Forbes*, 5 de diciembre de 2015, https://www.forbes.com/sites/shephyken/2015/12/05/drucker-said-culture-eats-strategy-for-breakfast-and-enterprise-rent-a-car-proves-it/#7d099ba22749.

crear una cultura que libere a las personas, y es el trabajo más importante que existe".[25] Ellos son los OCP: oficiales de la cultura principal.

3. CONEXIÓN CON UN PROPÓSITO MÁS ALTO

Los grandes líderes se enfocan en el "porqué" antes de articular el "qué". En una cultura inspiradora, cada persona, desde el equipo ejecutivo a los que dan la bienvenida, o quienes trabajan en el centro de llamadas, entiende que lo que hace cada día está consiguiendo algo mucho más grande y más valioso que revisar y tachar tareas de una lista, o hacer dinero. Estos líderes recuerdan constantemente el cuadro general a las personas en toda la organización. De hecho, ellos se convierten en maestros desarrollando esta visión de formas frescas y significativas.

> SOLO PODEMOS SUBIR TAN ALTO COMO SEAN LA FUERZA Y LA DESTREZA DE LOS QUE SOSTIENEN NUESTRAS ESCALERAS.

No supongas que estás haciendo un gran trabajo en estas tres áreas fundamentales. Ten la valentía de pensar con más claridad. Dedica tiempo a mirar la cultura que estás creando, pide a algunas personas honestas que te den su opinión sobre esas áreas, y da pasos para mejorar aún más en estos importantes factores de crear un gran equipo.

LÍDERES Y ESCALERAS

Durante años, he usado la analogía de subir escaleras para representar la movilidad ascendente del líder. El punto es que solo

25. Citado por Michelle Hespe, Editora Jefe de *The CEO Magazine*, "The Key to Culture", www.the-ceo-magazine.com

podemos subir tan alto como sea la fuerza y la destreza de los que sostienen nuestras escaleras. Si hemos escogido y desarrollado solo a quienes son moderadamente fuertes y talentosos, solo podremos usar una escalera que alcance tres metros de altura. Si tenemos personas que tienen mayores habilidades, podemos usar una escalera de siete metros. Pero si queremos subir por una escalera de quince metros, necesitaremos a las mejores personas para que la sostengan.

Incluso quienes podrían sostener la escalera de altura media no serán capaces a menos, claro está, que hayan crecido en su fortaleza y habilidad. No hace falta decir que quienes sostienen nuestras escaleras no tienen que entender todo lo que estamos haciendo cuando estemos subiendo, ¡pero al menos tienen que saber que estamos subiendo y no moviéndonos hacia un lado! Nuestra visión de crecimiento también se ha convertido en su visión de crecimiento.[26]

COMPETENCIAS FUNDAMENTALES

¿Cuáles son las características que estamos buscando en aquellos que sostienen nuestras escaleras? Tenemos que ver estas cualidades como que ya existen, pero también necesitamos ver el potencial para un mayor desarrollo. Podemos usar varios puntos para describir las competencias fundamentales:

FORTALEZA

Las personas que seleccionemos y entrenemos deben tener un carácter fuerte, valores fuertes y corazones fuertes. No son frágiles. Pueden recibir instrucciones, dar ideas creativas y manejar la crítica sin encogerse de miedo (si se encogen, ¡nos caemos!).

ATENCIÓN

---

26. Los principios y prácticas descritos en esta sección son de mi libro, *¿Quién sostiene tu escalera?* (New Kensington, PA: Whitaker House, 2016).

Los que sostienen nuestra escalera necesitan tener una mente abierta. Se dan cuenta de que tener la mente estrecha limita gravemente la creatividad y la capacidad de encontrar nuevas ideas. Son lectores y se motivan a sí mismos para aprender más. Cuando alguien tiene una idea nueva, no responden desechando de manera reflexiva el concepto, sino que dicen: "Eso es interesante, pero no lo entiendo bien. Explícamelo con más detalles".

FIDELIDAD

Cuando las personas están sosteniendo mi escalera, ¡no quiero que estén distraídas! Tienen que darse cuenta de cuándo tiembla la escalera (y será de vez en cuando), cuándo necesito ayuda, y cuándo necesito una herramienta adicional para desempeñar mi papel con más eficacia. Estas personas escuchan e interiorizan las instrucciones, así que no hay que decirles las mismas cosas una y otra vez. Cuando les decimos algo, lo entienden a la primera.

FIRMEZA

Las personas en la base de nuestra escalera deben tener una posición firme para no desequilibrarse cuando otras personas los critican o alaban para manipularlos. Reconocen las formas sarcásticas y sutiles que las personas usan para inyectar dudas sobre las capacidades o propósitos del líder. Ven banderas amarillas (y quizá algunas rojas) cuando otros se les acercan con preguntas y comentarios como: "¿Te has dado cuenta de esto en nuestro jefe?". "¿Sabes algo sobre lo que realmente está sucediendo?". "¿Te has enterado? ¡Eso no puede estar bien!". Estas conversaciones no suceden en reuniones de equipo, sino en los pasillos, baños, estacionamientos, y actualmente cada vez más, en las redes sociales.

LEALTAD

Los que sostienen nuestra escalera deben tener fe en nosotros como sus líderes. Si dudan de nuestra integridad o capacidad, no se dedicarán a ayudarnos a subir a lo más alto posible, y no se dedicarán a ser cada vez más fuertes y más capaces sujetando nuestra escalera. Sin esta confianza en nosotros, solo podemos usar un taburete. Desde el primer día que contratamos a alguien, esa persona debe tener al menos una pizca de fe en nosotros. Con el tiempo, la relación se desarrolla, la confianza madura y la fe crece. Sin embargo, seríamos necios en retener a personas cuyas manos están en nuestra escalera, si no creen en nosotros genuinamente.

EL EJEMPLO DE LIDERAZGO DE JESÚS

Jesús fue un líder que desarrolló a su equipo. Él siguió un modelo de cuatro pasos sencillo y eficaz:

1. Yo lo hago y ustedes me ven.
2. Hagámoslo juntos.
3. Ustedes lo hacen y yo los veo.
4. Lo hacen ustedes solos.

En la primera parte de su ministerio, Jesús dejó que los discípulos lo vieran mientras Él sanaba a los enfermos, calmaba el mar, echaba fuera demonios y atendía a los pobres. Progresivamente, los involucró en su obra. Por ejemplo, les dijo que partieran el pan y los peces que Él había partido en pedazos, y lo pasaran para alimentar a más de cinco mil personas hambrientas en el monte (ver Mateo 14:13-21; Marcos 6:31-44; Lucas 9:12-17; Juan 6:1-14). Dos veces en los Evangelios vemos a Jesús enviando a personas a extender su ministerio: los doce apóstoles una vez (ver Mateo 10:42; Lucas 9:1-6) y los setenta y dos discípulos otra vez (ver Lucas 10:1-17). Al final, ellos fueron solos.

Debido al fruto de sus esfuerzos, el cristianismo hoy tiene más de dos mil millones de seguidores, convirtiéndolo en la religión más practicada del mundo, transformando individuos y culturas con el mensaje del amor, la bondad, la integridad y el poder de

Jesús. Si seguimos este ejemplo, quizá no resucitemos a los muertos ni hagamos milagros, pero *podemos* gradualmente equipar y empoderar a personas para hacer más de lo que jamás hubieran soñado que sería posible.

Seleccionar a las mejores personas para sostener nuestra escalera es solo el primer paso. Después tenemos que desarrollarlos. Tenemos que entrenar a nuestro equipo en cómo hacer tareas, pero incluso más, tenemos que desarrollarlos en su liderazgo, trabajo en equipo y habilidades de comunicación. Por ejemplo, un pastor puede entrenar a alguien del equipo de bienvenida para sonreír, abrir la puerta y dar la bienvenida a las personas a la reunión. Pero también quiere desarrollar a esta persona para que eche un ojo para darse cuenta de quienes necesitan un cuidado adicional, y tener un corazón para acercarse con compasión. Mientras esta persona está de pie sonriendo en la puerta y saludando a las personas, siempre busca a quienes parecen reticentes, tienen bebés en sus brazos, son nuevos en la iglesia o están empapados por un repentino aguacero. El que da la bienvenida se da cuenta y pasa a la acción para cuidar de esas personas. Por supuesto, el pastor quiere a personas que puedan llevar a cabo los detalles de realizar bien el trabajo, pero también dedica tiempo a inculcar el "lado más blando del liderazgo" en aquellos que sirven en cualquier ocupación de la iglesia.

Las mismas cualidades son importantes en las empresas y organizaciones sin fines de lucro. Los líderes desarrollan a quienes los rodean para que vean más allá de sus tareas, sus objetivos definidos, y cuiden de las personas de formas que a veces se salen de las descripciones de sus tareas.

El desarrollo es la conexión humana en cualquier organización. Incluye un abanico de compromisos que se modelan y fomentan, tales como la capacidad de discrepar afablemente, respetar a las personas aun cuando no estamos de acuerdo con ellas, y hacer segundas y terceras preguntas en vez de llegar a conclusiones e inmediatamente defender nuestra postura.

La mayoría de las compañías y organizaciones donde doy consultoría tienen mucho entrenamiento, pero poco desarrollo. Las personas saben qué se espera de ellos, pero los líderes a menudo no se han tomado el tiempo de llegar a conocer realmente a su equipo para descubrir cuáles son sus mayores esperanzas y destapar sus temores más profundos. Quizá tengan unas descripciones de trabajo muy detalladas y elaboren estructuras para dar informes, pero las relaciones a veces son un completo desastre y el conflicto sin resolver es una nube venenosa en cada sala.

> EL ENTRENAMIENTO ES FÁCIL; EL DESARROLLO NECESITA MÁS ESFUERZO, CORAZÓN Y DESTREZA, PERO MARCA LA DIFERENCIA A LA HORA DE FORMAR UN GRAN EQUIPO.

El entrenamiento es esencial, pero no está completo sin desarrollar unas relaciones fuertes y duraderas. Cuando conectamos con personas en el nivel más humano, la vulnerabilidad puede crear vínculos fuertes de confianza; modelamos empatía, que es el pegamento de las relaciones significativas. Las personas que sostienen nuestra escalera necesitan tanto entrenamiento como desarrollo. El entrenamiento es fácil; el desarrollo necesita más esfuerzo, corazón y destreza, pero marca la diferencia a la hora de formar un gran equipo.

EMPODERAR A UN EQUIPO

Los líderes empoderan a las personas de sus equipos inyectando significado en todo lo que hacen. El empoderamiento es mucho más que delegar responsabilidades. Es eso, claro que sí, pero revolucionamos el motor de las personas cuando están convencidas de que lo que hacen cada día tiene un impacto en las vidas de otros. No solo están fabricando aparatos; fabrican aparatos para mejorar la calidad de vida de las personas que los usan. Motivamos a los que están en nuestro equipo cuando les pedimos que hablen ante una decisión importante, y escuchamos sus ideas. Cuando creen que tienen voz, se involucran más, están más comprometidos y más vigorizados, incluso cuando la decisión no fue la que ellos sugirieron.

En algunas organizaciones, las personas siempre están mirando por encima de su hombro para ver si les van a dar una bofetada por hacer algo mal, o por tener una idea nueva. Pero en una cultura saludable, tienen una zona de seguridad y se sienten seguros. Esta seguridad no fomenta el letargo; es la tierra fértil de la creatividad y la innovación (si alguien se aprovecha de este entorno positivo holgazaneando, sabrás que la persona necesita conectar la tarea más plenamente con el propósito, o que se tiene que ir).

Cuando los líderes empoderan a otros, están entregando poder. Las personas del equipo tienen la oportunidad –de hecho, la autoridad– de tomar la iniciativa de acudir con ideas y métodos mejores, lo cual casi de forma inevitable conduce a una mayor motivación para lograr resultados más altos. Los mejores líderes no insisten en ser el centro de atención y tener todas las buenas ideas. Ellos llevan la autoridad y la responsabilidad a niveles más bajos en la organización, sacando lo mejor de las personas y celebrando como locos cuando alguien tiene éxito. Tras un evento exitoso, el líder puede decirle al equipo: "¡Ha sido asombroso! Podemos arreglar algunas cosas, pero hablemos de todo lo que realmente salió bien para poder hacerlas incluso mejor la próxima vez".

Cuando las cosas no salen como esperaban, los líderes dotados no reprenden a las personas cuyo proyecto no estuvo a la altura. Esos líderes diseccionan lo que salió bien incluso más que lo que salió mal. Y expresan confianza en que la persona que lideró ese esfuerzo tendrá un mejor resultado la próxima vez.

En este entorno y en estas conversaciones, las personas del equipo se sienten respetadas, honradas, valoradas, admiradas y confiadas en el líder. Están muy motivadas a lanzarse al siguiente proyecto y dar lo mejor de sí. Desarrollan una maravillosa mezcla de orgullo en sus logros, y humildad que llevó a todo el equipo a trabajar juntos para conseguirlo.

Las personas viven para la afirmación, y se secan y languidecen sin ella. Hazlo, pero hazlo con autenticidad. No digas las mismas finuras insípidas una y otra vez. Conviértete en un experto en ser específico en el ánimo que ofreces. Observa las cualidades particulares. Las afirmaciones específicas y concienzudas son mucho más poderosas que un "¡Eres el mejor!" o "¡Buen trabajo!".

Los mejores líderes son maestros en sorprender a las personas haciendo algo innovador y afirmándolos por ello. Estos líderes son diestros usando tanto los errores y los fracasos como peldaños de crecimiento. De hecho, animan a las personas a seguir intentándolo y estirándose porque las únicas personas que no cometen errores, o están muertas o son cobardes.

La mayoría de las personas se avergüenzan cuando cometen errores, pero en una cultura saludable, las personas son libres para admitir sus errores. Si fue un buen intento, pero fallido, el líder puede ayudarles a aprender y seguir avanzando. Si el fallo fue el resultado de una mala decisión, el líder puede ayudar pacientemente a la persona a pensar en el proceso para que no vuelva a suceder. Y si fue una gran idea, pero en el momento incorrecto, el líder animará a la persona a seguir empujando e innovando. Los mejores líderes no se deleitan en ser el centro de atención y ser los únicos con buenas ideas. Más bien todo lo contrario. Se deleitan en ver a otros tener éxito y su deleite es obvio para todos.

LAS PERSONAS QUE TE RODEAN

Si miramos con atención, veremos cuatro tipos de personas en nuestras organizaciones. Cuando las identificamos, podemos personalizar nuestra comunicación y nuestras expectativas, para que encajen con la persona. Estas incluyen:

NÓMADAS

Estas son las personas que oyen nuestra visión una y otra vez, pero no la asimilan. Podemos llevarles a conferencias, regalarles libros, enviarles enlaces a podcasts y compartir nuestro corazón con ellos, pero no captan la idea. No son malos o inmorales, pero por alguna razón no pueden ver más allá de sus propias necesidades y deseos. Se sientan en un cubículo y hacen las tareas que les asignamos, pero no pueden conectar lo que hacen con un propósito más alto.

Si trabajan como voluntarios, no van más allá de las expectativas mínimas. Entran y salen por nuestras puertas sin conectar con el corazón de nuestra misión. Son indudablemente las personas *erróneas* para pedir que lideren en cualquier compañía u organización, pero no son *malas* personas.

SEGUIDORES

Muchas personas se emocionan con la visión, pero no toman la iniciativa para cumplirla. Ven una necesidad, pero suponen que alguien más se ocupará de ello. Sin embargo, cuando un líder les pide que participen para suplir la necesidad, se alegran de poder ayudar. La mayoría de las personas en nuestras iglesias y muchos en nuestras compañías encajan en esta categoría.

TRIUNFADORES

Nos encantan estas personas. Se encienden al oír la visión e invierten sus corazones, talentos y recursos para llevarla a cabo.

Cuando ven una necesidad, no dudan: se ocupan de ella. Aportan nuevas ideas y apoyan a los demás miembros del equipo. Se entusiasman por ser desarrollados para ser más eficaces y cambiar vidas; no tan solo por ser entrenados para hacer el trabajo.

LÍDERES

Pocas personas en nuestras organizaciones quedan capturadas por la visión, dedican todo lo que son para lograrla e incorporan a otros para que se unan a ellos en el trabajo. Saben, crecen y demuestran. Si esperamos que todos en nuestros equipos sean este tipo de persona, puede que nos decepcionemos profundamente. En los niveles altos de una organización, sin embargo, como el equipo ejecutivo, cada persona debería ser un líder excepcional. A medida que crece la organización, tenemos que ser más selectivos con las personas que seleccionamos, entrenamos y desarrollamos. Buscamos más líderes que se unan a nosotros.

Cuando hablo sobre este tema, le digo a la audiencia: "En uno o dos días después de este evento, sabrán en qué categoría encajan. Algunos saldrán de aquí y llamarán a un amigo para contarle lo que han aprendido porque esta información puede ayudarle. Tú podrías ser un líder. Algunos irán a casa y revisarán sus notas para poder interiorizar los conceptos para poder crecer. Probablemente seas un triunfador. Si no te molestas en mirar tus notas, quizá seas un seguidor. Y si no has venido a las conferencias porque estabas dando una vuelta por fuera, eres un nómada".

NO ES UNA OPCIÓN

Los grandes líderes saben que solo pueden hacer crecer sus organizaciones hasta el punto en el que desarrollen líderes apasionados y eficaces. Para ellos, el desarrollo de liderazgo no es solo uno de los programas secundarios; es clave para la vida y salud de la organización. En un artículo para Leadership Network, Brent Dolfo identifica algunos de los principios más importantes que los líderes de iglesias, y por extensión de cada organización, necesitan implementar, incluyendo:

- ✦ "Cada iglesia encarna una visión tan grande que no se puede llevar a cabo con la actual plantilla a sueldo y líderes voluntarios". La visión dirige la necesidad de más trabajadores para cumplirla.

- ✦ "Alguien en el equipo superior se despierta cada día pensando en el desarrollo de liderazgo". No sucede solo; alguien debe adueñarse de la estrategia y dirigir la implementación.

- ✦ "Cada iglesia ha aceptado la idea de que formar líderes y multiplicarlos para el reino de Dios es su tarea en el reino". No hay callejones sin salida en el organigrama organizacional. Cada persona en el liderazgo tiene la tarea de reclutar, ubicar y entrenar más líderes.

- ✦ "Cada iglesia se enfoca en formar líderes desde dentro". No confían en contratar estrellas fuera de la organización. Reclutan y ubican cuidadosamente y hacen del entrenamiento una parte integral del desarrollo de todo su equipo.

- ✦ "Las grandes iglesias tienen métricas en sus tablones que les dicen si están ganando en el desarrollo de líderes". No suponen que el desarrollo del liderazgo sucede de forma automática. Preguntan: "¿Qué porcentaje de nuestra plantilla se desarrolló internamente, y quiénes eran de afuera? ¿Qué porcentaje de nuestros líderes están entrenando de forma activa e intencional a su equipo? ¿Cuántas personas hay en cada fase del conducto del liderazgo?".[27]

Algunos CEO y presidentes de compañías sienten que están demasiado ocupados para invertir tiempo en entrenar a su equipo, o quizá nunca lo han visto en ellos mismos, así que no saben cómo

---

27. "10 Truths of Churches that Do a Great Job with Leadership Development", Brent Dolfo, Leadership Network, 15 de enero de 2016, https://leadnet.org/ten-truths-of-churches-that-do-a-great-job-with-leadership-development-part-1.

desarrollar a otros. Sea cual sea la razón, no es una excusa para desatender este aspecto clave del liderazgo. Desarrollar a los que están por debajo de nosotros es una inversión que aporta los mayores dividendos en habilidades afiladas, pasión y confianza.

LO ESENCIAL PARA LA CONFIANZA EN UN EQUIPO

Los equipos funcionan o no según su nivel de confianza. Cuando la sospecha entra en los pensamientos, las personas se sienten forzadas a protegerse, dominar a otros, o demandar respeto. La confianza es mucho más importante que las estructuras organizacionales, sistemas de reporte, títulos y galardones. La confianza nunca es estática; está siendo construida, destrozada o lentamente erosionada. Los componentes esenciales de la confianza en un equipo incluyen:

> **LA CONFIANZA NUNCA ES ESTÁTICA; ESTÁ SIENDO CONSTRUIDA, DESTROZADA O LENTAMENTE EROSIONADA.**

CAPACIDAD

Necesitamos personas que puedan hacer el trabajo que se les ha asignado. Pueden estar creciendo en sus talentos, pero al menos deben tener un mínimo de capacidades para no tener que ser supervisados todo el tiempo. El resto de las personas del equipo también tiene que saber que cada persona es capaz. La capacidad siempre se puede afinar, refinar y ampliar. Hoy día, el liderazgo no se trata de ser el mejor en un área; es ser un coordinador de especialistas.

INTEGRIDAD

La confianza se construye cuando las personas son honestas aunque sea a su costo, se erosiona cuando otros sospechan que la persona no está diciendo la verdad, y se hace añicos cuando se descubren las mentiras. Otra parte de la integridad es ser la misma persona en una reunión como en conversaciones privadas. Los chismes y la calumnia pueden contener parte de verdad, pero son movimientos ofensivos siniestros para dañar la reputación de otra persona.

VULNERABILIDAD

Cuando las personas confían unas en otras, pueden dar pasos para ser más abiertas con respecto a sus sueños y temores. No esperamos que las personas compartan todo, pero un equipo que está creciendo en confianza gradualmente comparte más de sus corazones, no solo de su rendimiento. Muy a menudo, las tragedias son el catalizador para derribar muros entre personas. En esos momentos, vemos quién se moviliza para sanar la herida y quién se retira.

DEDICACIÓN

Los líderes de equipos saludables dan la bienvenida a nuevas ideas y no se sorprenden por los desacuerdos. Las personas que confían unas en otras se sienten libres para ofrecer ideas que compiten, pero tienen un compromiso compartido con su visión común (lo que quieren conseguir), su misión común (cómo lo conseguirán) y sus valores fundamentales comunes (la filosofía y prácticas no negociables de la organización).

EMPATÍA

Las mejores relaciones se caracterizan por la empatía, la capacidad de andar en la piel de otra persona, de sentir lo que él o ella siente y de ver lo que esa persona ve. De alguna forma, la meta más alta de un líder es que las personas del equipo se sientan entendidas. No es suficiente para el líder sentarse y analizar a los miembros del equipo y dar instrucciones. Las personas del equipo tienen que saber que el líder "los tiene". Cuando es así, sucederán cosas maravillosas.

Según creamos un entorno donde la confianza cada vez pueda ser más fuerte, nos daremos cuenta de que algunas personas mejoran, pero otras se resisten. En una organización dinámica, los líderes tienen tres responsabilidades al relacionarse con sus equipos: filtrar, cambiar y elevar. Tras haber dado a las personas muchas oportunidades de invertir en el bien del equipo, quizá descubrimos que algunos sencillamente no encajan, así que *filtramos* al equipo para saber quién se queda y quién se va. Quizá también nos demos cuenta de que algunas personas son mejores para un papel distinto al que actualmente tienen asignado, así que los *cambiamos* lateralmente a un rol distinto. Y descubrimos que algunas personas tienen un carácter y talentos ejemplares, así que los *elevamos* a una responsabilidad más alta.

> EN UNA ORGANIZACIÓN DINÁMICA, LOS LÍDERES TIENEN TRES RESPONSABILIDADES AL RELACIONARSE CON SUS EQUIPOS: FILTRAR, CAMBIAR Y ELEVAR.

Muchos equipos y sus líderes experimentan un alto grado de incomodidad cuando llega el momento de que alguien se vaya. Por supuesto, algunas despedidas son cortas y directas por una brecha en la confianza, pero es más frecuente que podamos crear un camino más liso para que las personas continúen con sus vidas. Es irrazonable esperar una lealtad total a nuestras empresas o a nosotros como líderes. Vivimos en una sociedad móvil y las personas cambian de empleo por multitud de razones. Nuestro trabajo es evitar tomarlo como algo personal cuando alguien decida irse.

Entonces podemos hacer transiciones lo menos dolorosas posibles para todas las personas involucradas.

He conocido algunos líderes que eran expertos en abrir canales de comunicación antes de que los miembros de su equipo incluso pensaran en irse. De vez en cuando, anunciaban en reuniones de equipo: "Realmente aprecio su compromiso con su función, pero seamos honestos: las personas a veces cambian de trabajo, sí; y cuando ustedes sientan la urgencia de cambiar de trabajo, hablen conmigo al respecto. Quizá podamos encontrar otra función que les encaje mejor aquí, o quizá prefieran irse a otro lugar. No importa lo que suceda, quiero que la transición sea suave. Y quiero que sigamos siendo amigos. ¿Podemos hacer esto?".

Me he dado cuenta de que yo solo puedo ser tan efectivo como lo sean las personas de mi equipo. He aprendido a encontrar a las personas correctas, darles mucha cuerda, animarles a hacer su mejor esfuerzo y celebrar sus éxitos. Yo solía estar mucho más ansioso con lo que se podía hacer, pero con mi nuevo pensamiento, ahora puedo tener la cuerda menos tensa.

Sin embargo, hay algunas cosas que los líderes siempre deben tener en sus manos. Los líderes no pueden delegar la visión; deben adueñarse de ella. No pueden delegar la cultura; deben crearla. No pueden delegar las relaciones con los principales accionistas; deben cultivarlas. No pueden delegar el desarrollo de sus equipos; deben dedicarse a ello. Si nos convertimos en este tipo de líder, las mejores personas harán fila para unirse a nuestros equipos.

No seas como Larry Brown, entrenador de una colección de superestrellas que no pueden jugar juntos. Sé como el timonel Booby Moch, del equipo de remo de la Universidad de Washington, dirigiendo y dando instrucciones a las personas apasionadas, dedicadas, hábiles y especializadas que tienes delante de ti.

PARA PENSAR...

1. Lee "Lecciones de un equipo de remo". ¿Cuál de ellas es una fortaleza de tu liderazgo? ¿Cuáles necesitan alguna mejora?

2. Identifica la salud de la cultura de tu organización: inspiradora, tolerante, estancada, desalentadora o tóxica. Explica tu respuesta.

3. ¿Cuáles son algunas señales de respeto mutuo en un equipo? ¿Dónde lo has experimentado? ¿Qué diferencia marcó eso para ti?

4. Los que están directamente por debajo de ti, ¿están sosteniendo tu escalera con fortaleza, integridad y habilidad para que puedas subir lo alto que quieres subir? ¿Por qué o por qué no?

5. ¿Cuáles son algunas diferencias entre delegar tareas y empoderar a personas?

6. ¿Qué estás haciendo para desarrollar y mantener la confianza en tu equipo? ¿Qué tienes que hacer mejor? ¿Qué diferencia marcará eso?

8

¿CÓMO MANEJO EL CONFLICTO?
LA PREGUNTA SOBRE LAS EXPECTATIVAS

Cuando me preparo para hablar con la gente, paso dos
tercios del tiempo pensando qué es lo que quieren oír y un
tercio pensando qué quiero decir.
—Abraham Lincoln

Escuché acerca de un hombre que sufrió un naufragio en una isla desierta lejos en el Pacífico. No había animales vivos en la isla: ni lagartos, ni grillos, ni pájaros. Estaba completamente solo. Años después, finalmente un barco pasó por allí y vio su SOS. Cuando se acercaron, el hombre gritó que estaba contento de ser rescatado. El capitán del barco miró a la pequeña isla y le preguntó: "Antes de subir a bordo, ¿te importaría darme un tour por la isla?".

El hombre protestó: "¿Qué? He estado aquí solo durante años. Soy la única persona aquí en la isla. Quiero irme lo antes posible". Pero accedió a darle un tour al capitán.

Los dos hombres caminaron por la playa hasta una cabaña. El capitán preguntó: "¿Qué es esto?".

El hombre le explicó: "Hice esto con ramas de palmera para protegerme del sol y de la lluvia. Es mi casa".

Un poco más adelante en la playa, ambos llegaron a otra cabaña. El capitán preguntó: "¿Por qué necesitas dos casas?".

El hombre movió su cabeza. "Esta no es una casa. Es mi iglesia. Quería poder ir a algún sitio además de mi casa, y por eso la construí. Salgo de mi casa y vengo aquí a la iglesia".

Los hombres caminaron un poco más por la playa y llegaron a una tercera cabaña. El capitán miró perplejo, y preguntó: "¿Y para qué es esto?".

El hombre le dijo: "Esta es la iglesia a la que iba antes".

Jesús les dijo a sus seguidores: *"Porque donde dos o tres se reúnen en mi nombre, allí estoy yo en medio de ellos"* (Mateo 18:20). Pero según mis observaciones, eso a veces no parece ser cierto. He estado en iglesias donde se reúnen miles en el nombre de Jesús, pero se puede cortar la tensión en el aire con un cuchillo. ¡Seguro que no parecía que Jesús estaba allí con ellos!

ALGO QUE DEMOSTRAR

Sé algo sobre el conflicto, y no es solo conocimiento académico. Cuando estaba en tercer y cuarto grado, me metía en peleas cada día. La mayoría de los muchachos eran mayores que yo y me ganaban cada vez que peleábamos. Cada vez, pensaban que la pelea se había terminado y suponían que no me volvería a meter con ellos, pero no era eso lo que ocurría. Cada tarde después de la escuela, yo saltaba desde detrás de una pared o de un árbol, les daba un par de puñetazos e intentaba huir antes de que me atraparan y comenzaran a golpearme.

Recuerdo a esos muchachos mirándome después de aporrearme por enésima vez. Estaban convencidos de que nadie en su sano juicio querría luchar si perdía todas las veces, pero yo seguía yendo. Comenzaron a evitarme. Quizá pensaron que yo estaba loco, o quizá tenían miedo de hacerme algún daño permanente y no querían eso en sus conciencias. No, los niños no piensan así. Probablemente me veían más como una molestia que como una amenaza. Nunca gané una pelea en mi vida, pero era tenaz como un pequeño chihuahua rabioso; nunca me rendía. Solo porque la pelea se hubiera terminado para ellos, no significaba que se hubiera terminado para mí. Yo siempre tenía algo que demostrar.

Años después, esta experiencia me dio perspectiva sobre los motivos, poderosos y a menudo ocultos, de personas que se enredan en conflictos.

EXPECTATIVA Y REALIDAD

El Dr. Tim Elmore, presidente de Growing Leaders, observa que el conflicto es "natural, normal y neutral" en todas las relaciones significativas.[28] De hecho, es inevitable.

+ Es *natural* porque somos personas caídas y vivimos en un mundo caído.

+ Es *normal* porque las personas tienen distintas perspectivas y planes.

+ Es *neutral* porque podemos usarlo para que sea constructivo o destructivo; es nuestra elección.

Muchas personas se asustan por el conflicto porque no tienen confianza en cómo manejarlo. Pero los desacuerdos y disensiones son parte de la vida. En el mundo natural, vemos conflicto entre especies de plantas, por el terreno, el agua y la luz, y vemos conflicto

---

28. Citado en "Emancipating from Marriage Myths", *The Star* (Jamaica), 2 de agosto de 2016, https://www.pressreader.com/jamaica/the-star-jamaica/20160802/281552290234699.

en los animales por la comida, el dominio y los derechos de apareamiento. Prácticamente toda buena historia, antigua o moderna, gira en torno a personas en conflicto. Podríamos decir fácilmente que toda la Biblia trata del conflicto con Dios y unos con otros, y cómo Dios interviene para proveer sabiduría, perdón y sanidad, pero solo para quienes están dispuestos a tomar su mano y entrar en el proceso. Experimentamos disputas con nuestros cónyuges, padres, hijos, vecinos y amigos, en el trabajo y en cualquier área concebible de la vida. Incluso cuando las personas mueren, a menudo dejan muchos asuntos no resueltos con sus familias. Si insistes en crear un mundo sin conflicto, tendrás que no hacer nada, no decir nada y no ser nada.

> SI INSISTES EN CREAR UN MUNDO SIN CONFLICTO, TENDRÁS QUE NO HACER NADA, NO DECIR NADA Y NO SER NADA.

Algunas personas crean conflicto para poder desequilibrar a otros y controlarlos; al otro lado del espectro, otros ven todo el conflicto como inherentemente pecaminoso, o al menos el producto del pecado. Se sienten tan incómodos con cualquier tensión que se van al extremo de etiquetar el sentimiento, evento o persona como "malvado". Su conclusión es que los líderes buenos y piadosos nunca permiten el más mínimo conflicto. Sus creencias, expectativas y temores hacen que otros quieran respuestas instantáneas y soluciones inmediatas. No tienen la sabiduría de dar la bienvenida a la tensión como una herramienta para el crecimiento.

El conflicto se produce por la distancia entre las expectativas y la realidad. Cuando la distancia es significativa, las personas tienen un enfrentamiento. Esta es una ilustración: Un esposo sale por la puerta y su esposa le pregunta: "¿A qué hora regresarás a casa?". Su respuesta crea una expectativa. Si él le da una hora poco razonable, o bien demasiado pronto o demasiado tarde, ¡es un necio! Podía decir: "Cariño, puede que no estés conmigo, pero siempre estás en mi mente".

Si le da una hora como las 7:00 de la noche, ha creado una expectativa específica. Si aparece a las 7:30, la realidad es una distancia importante desde la expectativa de ella y se enojará. Si entra por la puerta a las 9:00, la distancia es incluso más larga ¡y ella está que echa humo! Si él mira su reloj de camino a casa y son más de las 10:00, probablemente debería dormir en el automóvil esa noche. En cualquier caso, la distancia entre la expectativa y la realidad determina el nivel de conflicto.

> LA DISTANCIA ENTRE LA EXPECTATIVA Y LA REALIDAD DETERMINA EL NIVEL DE CONFLICTO.

Demos la vuelta a la situación. Algunos hombres (como yo) somos bastante densos. Nos tomamos las cosas al pie de la letra, lo cual puede ser tanto necio como peligroso. Déjame darte un ejemplo: un esposo llega a casa y se da cuenta de que algo no anda bien. Le hace a su esposa una pregunta simple y directa: "¿Qué sucede?". Cuando ella le da esa respuesta de una palabra: "nada", él piensa: *de acuerdo, genial. Pondré la televisión y veré el partido.*

Ella esperaba que su esposo leyera su estado de ánimo, se involucrara, la persiguiera, ahondara en su estado emocional y le invitara a compartir sus sentimientos más hondos. ¡Error! Las expectativas de ella se toparon con la realidad de la falta de comprensión del esposo. Esta vez, no obstante, el conflicto puede estar soterrado durante horas o días hasta que ella finalmente le diga que está dolida y que él ha sido muy insensible. Durante todo ese tiempo, él no tiene ni la más mínima idea.

Cuando se mantiene una amplia brecha entre las expectativas y la realidad, el conflicto tiene muchas consecuencias negativas:

+ Nos aleja del sano juicio porque tenemos miedo a ser sinceros.

+ Hace que tengamos planes ocultos en cada reunión y conversación.

+ Crea la necesidad de controlar a las personas para que no nos vuelvan a herir.

+ Nos aísla y nos hace estar a la defensiva.

+ Desmenuza o erosiona la confianza.

+ Consume nuestros pensamientos, nos distrae y nos roba la energía, así que logramos mucho menos.

+ Hace que liderar sea tan difícil que nos dan ganas de rendirnos.

¡Pero esta no tiene que ser la narrativa de nuestra vida y nuestro liderazgo! Si cerramos la brecha entre las expectativas y la realidad, suceden algunas cosas maravillosas:

+ Obtenemos una sabiduría enorme porque luchamos con las cosas que realmente nos importan, tanto a nosotros como a otros.

+ Desarrollamos confianza a medida que las personas entienden que nos interesamos por ellos y estamos dispuestos a meternos en desacuerdos sin temor ni demandas.

+ Tomamos mejores decisiones porque nuestra mente no está nublada por esperanzas vacías y temores mal dirigidos.

+ Las personas de nuestro equipo están más comprometidas con las decisiones porque se sienten escuchadas y entendidas.

En vez de tener miedo al conflicto o usarlo para manipular a las personas, los grandes líderes se dan cuenta de que el conflicto se espera, y hasta cierto punto, es deseable cuando las personas se involucran apasionadamente en las metas de la organización. Si no estamos provocando sus mejores ideas y sus emociones más profundas, no estamos sacando lo máximo de ellos. A medida que el crecimiento se acelera y las personas ven cómo sus ideas están dando fruto, se involucran y entusiasman más, y el conflicto quizá disminuya. Aunque no nos sorprenden las tensiones que surgen a medida que la organización avanza, no nos conformamos y dejamos que el conflicto tenga efectos venenosos. Nos involucramos, usamos la diplomacia y enseñamos a nuestro equipo los principios de escuchar, comunicarse y negociar.

LA SEÑAL DE BANDERA ROJA

He observado que la señal de bandera roja del conflicto casi siempre incluye dos sencillas palabras: "Yo pensaba". Estas palabras parecen inocentes sobre el papel, pero dicen mucho sobre la percepción de la persona de la distancia entre la expectativa y la realidad.

+ Él le dice al policía: "Yo pensaba que iba a 50 kilómetros por hora".

+ Ella le dice a su esposo: "Yo pensaba que dijiste que estarías en casa a las 7:00 en punto".

+ Un miembro de la plantilla dice: "Yo pensaba que el informe había que entregarlo mañana".

+ Un amigo dice quejándose: "Yo pensaba que ibas a pagar tú la cena".

+ Un empleado le dice al jefe: "Yo pensaba que me iba a ascender".

+ Un jefe le dice a un director: "Yo pensaba que sus números serían mejores de lo que son".

Podemos hacer una lista interminable de ejemplos porque el campo de nuestras expectativas es ilimitado. Tenemos que aprender a hacer las preguntas correctas. Cuando nos encontramos en medio de un conflicto, la primera pregunta que hagamos no debería ser: "¿Cómo puedo contraatacar para poder ganar?" o "¿Cómo puedo salir de aquí lo más rápido posible?". Esas son respuestas de lucha o huida, y no nos ayudan en nada a pensar con más precisión en lo que está sucediendo delante de nosotros. Una pregunta mucho mejor es: "¿Cuál era la expectativa?". Si podemos identificar y expresar la expectativa, habremos recorrido mucha distancia hacia cerrar la brecha entre ella y la realidad.

> LA EXPECTATIVA ES EL *QUÉ* DEL CONFLICTO. NOS AYUDA A SER OBJETIVOS Y CALMADOS PARA PODER TENER UNA DISCUSIÓN PRODUCTIVA.

¿Por qué nos enfocamos en las expectativas en vez de en la realidad? Porque las personas a menudo se ponen a la defensiva y desafiantes en cuanto a su idea de la realidad, y raras veces ceden. Por lo general, están mucho más dispuestos a hablar de lo que esperaban que sucediera.

La expectativa es el *qué* del conflicto. Nos ayuda a ser objetivos y calmados para poder tener una discusión productiva. Cuando las personas saltan al *quién* y usan frases del tipo "tú", la otra persona de inmediato se siente atacada y se pone a la defensiva. Después, el conflicto cambia del asunto original al asunto inmediato del ataque injusto, y así es inevitablemente como se percibe.

En lugar de decir: "Tú dejaste la puerta abierta", podemos decir: "La puerta se quedó abierta". En vez de la acusación: "¿Es que no sabes cómo manejar el sistema de sonido?", podemos decir: "El sonido no se oía muy claro hoy. ¿Qué podemos hacer para arreglarlo para que no vuelva a ocurrir?". Mantenemos el mismo mensaje, pero eliminamos la culpa.

Usar la palabra "tú" arroja un fósforo a un bidón de gasolina, ¡no habrá que esperar mucho para ver la explosión! En algún momento de la discusión habrá tiempo para asignar la responsabilidad apropiada de lo que sucedió, pero evita ese momento todo lo que puedas. Cuando se ha tratado suficientemente el *qué*, la persona sabe que no quieres hacer daño (que es la manera en que se interpretan las frases que usan "tú") y las emociones se calman, así que es más fácil para nosotros decir: "¿Qué vas a hacer diferente la próxima vez?". Incluso en esta declaración, estamos señalando hacia delante y ofreciendo esperanza de mejora.

Cuidado con los términos extremos como "siempre" y "nunca". La hipérbole puede ser útil en las poesías y novelas, pero no en un diálogo con personas que amamos y a las que servimos. Cuando estamos frustrados con alguien o no nos sentimos entendidos, puede que inflemos nuestras palabras para fortalecer nuestro punto. Sí, suenan más fuertes, pero es contraproducente. Estas palabras hacen sentir poderoso al que habla, y hunden e intimidan a la otra persona, y cierran la puerta a una conversación provechosa. Salomón nos dio un principio revolucionario: *"y las palabras suaves pueden quebrar los huesos"* (Proverbios 25:15). Esto significa que una blanda respuesta puede romper las defensas de una persona para que pueda oírnos. Es importante "apagarse", relajarse e intentar comunicarse de una forma que edifique la relación en vez de dañarla. Puedes decir: "Creo que puedo ver un patrón aquí. Hablemos de ello para poder resolverlo y avanzar".

+ Enfócate en el *qué*.

+ Evita el "tú" hasta después de discutir el *qué*.

+ Evita términos como "siempre" y "nunca".

+ Apunta a un futuro esperanzador preguntando: "¿Qué vas a hacer la próxima vez?".

Cuando tenemos un problema con alguien, quizá tengamos razón en que la persona ha sido menos que responsable, pero hemos dado pasos de gigante hacia atrás en la relación, hemos contaminado el agua de la confianza y el respeto que se necesitan en las conexiones saludables, y no podemos deshacer el sonido de la campana una vez que ha sonado. Será necesario mucho más tiempo, disculpas y paciencia para reconstruir la relación.

RESOLUCIÓN... O NO

Muchas personas piensan que están resolviendo el conflicto cuando intentan reducir el nivel de tensión para que las personas no estén tan enojadas u ofendidas. Eso es solo manejar las emociones, no resolver la fuente del conflicto. Las personas que quieren aparentar amabilidad tienen gran dificultad para ir por debajo de la superficie y tener conversaciones reales sobre el *qué* del conflicto. Prefieren decir: "Oh, no me molesta", o "Ella no puede evitarlo" o "No sé de lo que estás hablando. ¡No hay ningún conflicto!".

En marcado contraste, otros ven cada momento de tensión como una batalla cósmica por el poder. Se sienten amenazados y su manera de manejarlo es ganando a toda costa. Usan la culpa y el insulto, alzan la voz y miran con amenaza a la otra persona. Aun otros adoptan una tercera postura: ceden, absorben toda la culpa y hacen todo lo posible por acabar con la tensión de inmediato. A menudo encontramos todas estas respuestas en el mismo equipo y en la misma familia.

Muchas veces, las personas cometen dos errores: quieren que todos se sientan mejor enseguida y por eso invierten sus energías en resolver el evento momentáneamente, en vez de tratar patrones y asuntos subyacentes. El evento sucedió porque alguien se sintió malentendido, alguien tenía expectativas irreales o alguien no comunicó las expectativas y dejó a la otra persona teniendo que averiguarlo (y por lo general averiguan mal). Las expectativas se tienen que sacar a la superficie, analizar y abordar. El evento es meramente el terreno donde las expectativas jugaron su partido. Sería necio que las personas que ven un partido de fútbol, de béisbol o de baloncesto mirasen constantemente el terreno. Ellos mantienen su vista en los jugadores. ¡Ahí es donde está la acción!

Cuando las relaciones se tensan, las personas, de forma natural, quieren asignar culpa... a otra persona. En la mayoría de los conflictos, ambas partes tienen su parte de la responsabilidad, al menos por no comunicar claramente en la etapa de inicio de la dificultad. Por supuesto, en algunos casos de abuso, la culpa está toda en una parte, pero eso no es común.

En vez de hacer gimnasia mental y emocional para asegurarse de dirigir la culpa hacia la otra persona, las personas sabias, las que han aprendido a pensar con claridad en tiempos de tensión, miran al futuro más que al pasado. Son capaces de aceptar la responsabilidad por la parte que les toca en lo que ha ocurrido, e igual de importante, asumen la responsabilidad de lo que ocurra después. Están dispuestas a hacer buenas preguntas y escuchar, escuchar con atención, al corazón de la otra persona.

Con mucha frecuencia, el dolor y la ira se reducen de manera sustancial cuando las personas se sienten oídas y entendidas. Esa es la principal meta y la más importante: entender las expectativas de la otra persona y que él o ella sepan que les entendemos.

Si a la otra persona no le importa en absoluto tus expectativas, no te metas en una pelea verbal (o física). Esa persona quizá necesita tiempo para reducir la tensión, confiar en que realmente sí te interesas como para querer entender, y después comenzará a escucharte. No puedes controlar la actitud y las acciones del otro; solo puedes controlar las tuyas.

> NO PUEDES CONTROLAR LA ACTITUD Y LAS ACCIONES DEL OTRO; SOLO PUEDES CONTROLAR LAS TUYAS.

En muchos casos, nuestra respuesta al estrés, y al estrés inducido por las personas, están instalada en nosotros debido a muchos años de responder del mismo modo. Ni siquiera pensamos en cómo responder; solo reaccionamos. Los que nos rodean ven nuestras expectativas descolocadas, pero si no somos conscientes de ellas, las usaremos para apalear a las personas que amamos y servimos.

Hace unos años atrás, un reconocido pastor me invitó a hablar en una mesa redonda sobre liderazgo en su iglesia. Antes de que comenzara la primera sesión, tuvimos una conversación muy cálida y cordial en su oficina. Salimos para ir a la sala de la reunión, y al entrar por la puerta en la sala donde estaban montadas las mesas, su rostro cambió por completo. Al principio no dijo ni una palabra, pero su rostro se sonrojó, su mandíbula se tensó y sus puños se cerraron. ¡Estaba furioso! Pregunté: "¿Estás bien? ¿Hay algo que tenga que saber o hacer?".

Sin girarse hacia mí, estalló: "¿Cuándo lo van a entender? ¿Qué les pasa a estas personas?".

Yo no estaba seguro si debía responder con una pregunta o agarrar un vaso de agua y lanzárselo para que se enfriara, pero pregunté: "¿Qué sucede? Yo lo veo todo bien".

"Les dije que pusieran mesas y sillas".

Miré alrededor. "Eh, eso es lo que han hecho".

Él espetó: "Yo quería mesas *redondas*, ¡no estas *rectangulares*! Quería que las sillas estuvieran en un lado de las mesas redondas, mirando hacia el frente. ¡Ya lo deberían saber!".

Ah. Ahora lo sabía. Dije: "Entonces, ¿no les *dijiste* exactamente que querías mesas *redondas*?".

"No", gruñó. "Te lo dije, deberían saberlo ya". Tras unos segundos de indignación, se giró hacia mí y preguntó: "¿Qué tengo que hacer, Sam? ¿Hacerles un dibujo?".

Yo sonreí. "¡Sí! Si hubieras dedicado diez segundos a hacer un dibujo en una servilleta, habrían entendido exactamente lo que querías".

Él se enfureció con mi observación, y pude ver que estaba intentando buscar una forma de desviar mi sugerencia. Yo no me retiré. Le dije amablemente: "Amigo mío, responsabilízate. Podrías haberte explicado muy fácilmente y muy bien, pero no lo hiciste. Ellos hicieron exactamente lo que pensaban que esperabas que hicieran. No les culpes por ello. Has sido tú".

Cuando las personas comunican, establecen la expectativa y después tienen que adueñarse de ella. Sin esquivar, ni esconderse, sin cambiar la culpa, sin soplar para intimidar. Tienen que asumir la responsabilidad de la promesa implícita inherente en cada expectativa.

Algunos líderes, como este pastor, no comunican nada bien sus expectativas. Insisten: "¿Por qué tengo que decírselo (a él, a ella, o a ellos) otra vez? Deberían saber lo que yo esperaba". Las expectativas implícitas a menudo conducen al conflicto porque lo que una persona supone, para otra puede no ser tan obvio, y eso deja una brecha profunda entre las expectativas y la realidad.

Ciertamente, si una pareja ha vivido junta durante décadas, probablemente sepan bien qué le gusta a su cónyuge y qué espera, pero intuyo que la mayoría de los conflictos en el matrimonio suceden porque al menos una persona no dejó clara una expectativa… y después otra y otra, hasta que pequeñas infracciones acumuladas se convirtieron en un gran problema.

Como líderes, a veces pensamos que nos hemos comunicado con claridad, pero dejamos a las personas suponiendo. Quizá anuncie en mi equipo: "Nuestra reunión mañana es a la nueve en punto. Me gustaría que estuvieran temprano". Pero ¿qué significa "temprano"? Según mi petición, ellos no saben qué espero. ¿Quiero que estén ahí a las 8:30, a las 8:45, o a las 8:59? Todas estas horas entran en la categoría de "temprano". Si esperaba que estuvieran a las 8:00, empezaría a enojarme realmente a las 8:15. Cuando la primera persona apareciese a las 8:30, estaría echando humo y gruñendo: "¿Dónde estaban?".

Cuando la reunión comienza y todos realmente llegaron "temprano", no tienen ni idea de por qué estoy hirviendo. Durante toda la reunión de plantilla, todos estamos preocupados, y yo con mis emociones totalmente desproporcionadas, en vez de poder enfocarnos en la agenda.

Quizá lees este caso y dices: "Yo no hago eso". ¿De verdad? ¿Alguna vez le has pedido a alguien que te entregue algo "lo antes posible"? ¿Lo escribes como fecha límite en un memo de instrucciones? Si alguna vez has usado ese término, has creado una expectativa confusa. Algunos que son competitivos y quieren agradarte se asegurarán de hacer el trabajo realmente pronto, y tú estarás feliz.

Sin embargo, los que se lo toman como un mandato genuino de hacer el trabajo "lo antes posible", cuando entre dentro de su flujo de responsabilidades quizá te lo entreguen mucho más tarde de lo que esperabas. En ese momento, estás frustrado por la "conducta irresponsable" de la persona, pero en realidad, fuiste tú quien puso una expectativa poco clara, lo cual creó confusión y conflicto.

Cuando hablo con clientes, intento ser totalmente claro. Cuando les doy una tarea, les pregunto cuándo pueden traérmela hecha. Si dicen: "algún día de la semana que viene", no sé cuándo llegará. En cambio, si dicen: "el miércoles", eso es mejor. Si me dicen: "Lo enviaré el miércoles a las 12:00", la responsabilidad de mi cliente es tan clara como mi expectativa. Cuando trabajo con la mayoría de las personas, mi "lo más rápido posible" es siempre antes que su posible. Ser claro resuelve multitud de problemas.

> CUANDO OTROS NO ENTIENDEN LO QUE LES DECIMOS, NUESTRAS EXPECTATIVAS INEVITABLEMENTE SUFRIRÁN DEMORA, NEGACIÓN, O SERÁN DIFERIDAS.

La mayoría de las personas tienen algún grado de "resbalón mental". En una reunión o en la mesa mientras comemos, decimos algo que es claro para nosotros, pero no se queda en la mente de la otra persona: se resbala. Como la persona asintió o sopló, suponemos que lo entendió. Puede que sí o puede que no. Esto es especialmente común en los niños y es crónico en los adolescentes. Si un punto es importante, es mucho mejor repetirlo unas cuantas veces o pedir a la persona que nos lo repita para que sepamos que lo ha asimilado. Cuando otros no entienden lo que les decimos, nuestras expectativas inevitablemente sufrirán demora, negación, o serán diferidas.

RESPONDER A PERSONAS DIFÍCILES

Podríamos hacer una larga lista de los tipos de personas que dan problemas a los líderes. Solo quiero destacar una muestra representativa. Los líderes tienen que poder identificar los rasgos de aquellos que son:

+ Desafiantes (son bastante fáciles de detectar)

+ Demasiado conformes (¿los vemos como un problema?)

+ Furtivos o pasivo-agresivos (siempre tienen una agenda escondida)

+ Perfeccionistas (los que nunca ven lo bueno en nada)

+ Obsesionados con el control (los que insisten en determinar cada resultado)

En las relaciones de un líder con cualquiera de estas personas, hay dos retos: ellos y nosotros. Sí, nosotros. En un artículo de la revista *Forbes*, Elizabeth B. Brown hace preguntas que ayudan a los líderes a entender por qué ciertas personas nos sacan de nuestras casillas:

+ ¿Qué tornado emocional provoca esta persona en tu vida?

+ ¿Cómo reaccionas a una persona difícil en tu vida?

+ ¿Cómo reacciona tu persona difícil a tus reacciones?

+ Si la otra persona es el problema, ¿estás desarrollando acciones y reacciones poco saludables como respuesta a él o ella?

+ ¿Eres tú la persona difícil que provoca en otros una conducta reactiva?

+ ¿Cómo reaccionan otros a tus acciones y respuestas?

Brown escribe:

Alimentar nuestras frustraciones cuando tratamos con una persona difícil se puede convertir en un círculo vicioso. Tendemos a ver u oír una interacción, y entonces interpretar esa acción basándonos no en un hecho, sino en nuestras suposiciones. Entonces reaccionamos. Por desgracia, normalmente no tenemos toda la información sobre por qué una persona quizá se muestra como lo hace y, ante la ausencia de información factual, tendemos a llenar los espacios en blanco con nuestras propias teorías sobre lo que podría estar pasando.[29]

Cuando somos conscientes de nuestros detonantes, tenemos más opciones en cómo responder. Podemos mantener la calma cuando nos topamos con la ira y las demandas de personas desafiantes. Hacemos buenas preguntas y afirmaciones claras. Entendemos que la conformidad externa de algunos en nuestro equipo y de familiares no necesariamente significa un acuerdo sincero. Puede que solo estén evitando alguna pizca de conflicto porque están heridos y asustados. Aprendemos a confrontar a personas pasivo-agresivas para que nos digan por qué sonríen a la vez que nos apuñalan por la espalda. Con el tiempo, crecemos en sabiduría para mirar por debajo de la superficie, a fin de ver los temores que provocan las respuestas y conductas de las personas.

> CON EL TIEMPO, CRECEMOS EN SABIDURÍA PARA MIRAR POR DEBAJO DE LA SUPERFICIE, A FIN DE VER LOS TEMORES QUE PROVOCAN LAS RESPUESTAS Y CONDUCTAS DE LAS PERSONAS.

29. "A Guide to Dealing with Difficult People", Chris Canciolosi, *Forbes*, 5 de marzo de 2018, https://www.forbes.com/sites/chriscancialosi/2018/03/05/a-guide-to-dealing-with-difficult-people/#60143ac52293

REESTRUCTURAR EL CONFLICTO

Si podemos reestructurar el conflicto, no nos lo tomaremos de forma personal y seremos capaces de tratar problemas específicos en vez de atacar a las personas involucradas. Cuatro pautas fáciles que nos ayudarán a mantenernos en el carril:

PAUSA

No subestimes a la persona que provocó el conflicto o contribuyó al mismo, y no te apresures a buscar la solución más rápida porque la tensión es muy incómoda. Detente para hacerte algunas preguntas sobre tu propia respuesta y define el *qué*, la expectativa, lo más claramente que puedas.

ESCUCHA

No quieras enmendar a la persona o el problema. Haz preguntas sencillas y directas: "¿Cómo ves esta situación?" y "¿qué crees que tenemos que hacer al respecto?". Cuando la persona dé una opinión o un plan, haz una invitación: "Cuéntamelo con más detalle".

ENTIENDE

Recuerda que es importante para la persona sentirse entendida, así que después de escuchar un rato, podrías decir: "Esto es lo que te oigo decir", resume lo que te haya dicho, y después pregunta: "¿Es así?". A veces, la persona dirá: "No, no lo has entendido bien". Si ese es el caso, inténtalo de nuevo.

RESUELVE

Aduéñate de tu parte de la tensión y habla sobre cómo los dos pueden resolver el problema juntos. Si tienes que disculparte, hazlo. Si tienes que perdonar, hazlo. Al menos uno de los dos, quizá ambos, tengan que ajustar las expectativas en el futuro. Si la relación está irreparablemente dañada, sé sincero sobre esa realidad. Haz todo lo posible por tener una despedida amable.

NO DEJES QUE SE VUELVA DEMASIADO PERSONAL

Los líderes sabios crean entornos donde el desacuerdo es constructivo y aceptado por todos en la mesa. Pero estos líderes también tienen antenas bien sintonizadas para darse cuenta de cuándo los desacuerdos se vuelven demasiado personales, lo cual crea autoprotección y enseguida se convierte en un amargo conflicto. Los líderes que crean una cultura de apertura y creatividad dan la bienvenida a los desacuerdos porque son una señal de que las personas están dando lo mejor, pero estos líderes intervienen para eliminar el conflicto corrosivo apenas brote, antes de que provoque un daño importante e incluso irreparable.

Para convertirte en este tipo de líder, tienes que estar lo suficientemente seguro para estar cómodo con personas que no están de acuerdo contigo.

PARA PENSAR...

1. ¿Cuáles son algunos ejemplos en tu vida, quizá de la semana pasada, cuando el conflicto fue causado por una brecha entre las expectativas y la realidad?

2. ¿Cuáles son las consecuencias negativas del conflicto que has visto (y soportado) cuando no se manejó bien? ¿Cuáles son algunos de los beneficios que has visto cuando tú mismo u otro líder trató la tensión con sabiduría y gracia?

3. ¿Qué diferencia marca enfocarse primero en el *qué* en vez del *quién*?

4. Los que están en tu equipo (y personas de tu familia) ¿piensan que eres totalmente claro cuando das instrucciones y comunicas expectativas? ¿Cómo lo sabes?

5. Dedica un tiempo a reflexionar en las preguntas escritas en el artículo de *Forbes*. Después de responderlas, explica cómo entenderte mejor a ti mismo te ayudará a ser un líder más eficaz en tiempos de desacuerdo y conflicto.

6. ¿Cómo te ayudará usar la estrategia de las cuatro pautas a la hora de formar relaciones, incluso durante los momentos tensos con las personas?

9

¿CÓMO COMUNICO MI VISIÓN?
LA PREGUNTA SOBRE LA CONEXIÓN

El cinco por ciento de las personas piensan; el diez por
ciento de las personas piensan que piensan; y el otro
ochenta y cinco por ciento preferiría morir a pensar.
—Thomas A. Edison

Cuando vemos cómo algunos líderes miraron al futuro, nos
podemos reír un rato:

+ En 1943, el presidente de IBM, Thomas Watson, dijo:
  "Pienso que hay un mercado mundial para quizá cinco
  computadoras".

+ Más recientemente, y espectacularmente equivocado, Ken
  Olsen, fundador de Digital Equipment Corporation, pro-
  clamó con valentía en 1977: "No hay razón alguna por la
  que alguien quiera tener una computadora en casa".

+ Darryl Zanuck, ejecutivo de Twentieth Century Fox, pre-
  dijo en 1946: "La televisión no será capaz de apegarse a

ningún mercado que consiga después de los primeros seis meses. Las personas enseguida se cansarán de mirar a una caja contrachapada todas las noches".

◆ Cuando la Internet estaba en su fase inicial, Robert Metcalfe, fundador de 3Com, no creía que duraría: "Casi todas las muchas predicciones que se están haciendo ahora sobre 1996 dependen del crecimiento exponencial continuo de la Internet. Pero pronostico que la Internet enseguida irá espectacularmente a supernova (refiérase a la explosión de una estrella muy brillante) y en 1996 se hundirá catastróficamente".

Por otro lado, algunos líderes han sido cautivados por una visión clara y atractiva. Para seducir a un alto ejecutivo de Pepsi para que se fuera a Apple, Steve Jobs preguntó: "¿Quiere usted vender agua azucarada durante el resto de su vida, o quiere venirse conmigo y cambiar el mundo?". Elon Musk, fundador de SpaceX y Tesla, Inc., no escatimó en palabras cuando le dio a SpaceX sus órdenes de marcha: "Vamos a llevar a las personas a Marte en 2025". Algunos somos lo suficientemente mayores para recordar los dibujos animados *Los supersónicos*. Todo en la vida de la familia parecía absurdo e inalcanzable solo hace unas décadas, pero hoy tenemos FaceTime, cámaras en drones, software de reconocimiento facial, comidas instantáneas y automóviles sin conductor. Los creadores de *Los supersónicos* quizá pensaban que solo nos estaban entreteniendo, pero estaban describiendo un futuro fantástico que se está convirtiendo en realidad hoy.

LA DESCONEXIÓN

La mayoría de los CEO (posición de Director General, en sus siglas en inglés), pastores y otros líderes que conozco no tienen problemas para crear su visión. Tienen un cuadro claro y poderoso de adónde tiene que ir la compañía o la organización, y tienen un plan exhaustivo en cuanto a las fases para llegar hasta ahí. El problema es que a menudo les cuesta trasladar su visión a los corazones y las mentes de su equipo. Hay una desconexión: la forma en la que piensa el líder no es la forma en la que los empleados o los miembros del equipo piensan.

Los líderes tienen que ser bilingües. Tienen que comunicarse en el lenguaje *abstracto* de la visión y tienen que hablar en el lenguaje *concreto* de la ejecución. El lenguaje de la visión dibuja un cuadro de lo que será y los beneficios que tendrán las personas. Es largo en la motivación, pero corto en estrategias, roles y procesos. Cuando los líderes no usan este lenguaje eficazmente, los empleados y los miembros de la plantilla se vuelven apáticos, estrechos de miras y competitivos... y no de una forma buena. El lenguaje de la ejecución explica las respuestas a nuestra pregunta: ¿Quién hace qué y para cuándo? Las personas saben lo que se espera de ellas, cómo hacerlo y dónde encontrar recursos, y qué puntos de referencia tienen que alcanzar por el camino. Cuando los líderes no hablan este lenguaje, las personas se pierden, pierden la fe en su líder y acuden a algún otro lugar para marcar la diferencia.

> **LOS LÍDERES TIENEN QUE COMUNICARSE EN EL LENGUAJE *ABSTRACTO* DE LA VISIÓN Y EN EL LENGUAJE *CONCRETO* DE LA EJECUCIÓN.**

Cuando oyen una visión o cambio de planes, las personas de forma instintiva quieren saber: ¿Cómo me afecta esto? En una reunión de un equipo ejecutivo de una empresa, el CEO anuncia: "Vamos a crear una nueva línea de productos que nos dará presencia en un nuevo mercado". Mientras describe el cuadro general, la batidora ya está dando vueltas en las mentes de los que están alrededor de la mesa.

El director de producción está pensando: ¿Qué planta usaremos? ¿A quién puedo sacar de nuestros otros proyectos para trabajar en este? ¿Cuándo es el lanzamiento? Si pone a George a cargo de la nueva línea de productos, ¡yo me retiro! ¡Yo debería conseguir un ascenso por todo lo que hago por la compañía!

El director financiero está pensando: ¿Cuánto nos costará esto? ¿Cuál será el mayor reto para el flujo de efectivo? ¿Cómo podemos abordar esto?

El director de mercadeo se pregunta: ¿Cuál es el gancho para los nuevos productos? ¿Cómo encajan con nuestras promociones actuales? ¿Cuál será mi presupuesto? ¿Cuáles son las cuotas de ventas?

Y el ayudante administrativo del CEO piensa: ¡Oh, no! ¡Esto va a añadir un gran peso a mi carga de trabajo! Yo estaba pensando en formas de poder hacer menos, ¡y ahora tendré que hacer mucho más!

El CEO estaba hablando el lenguaje de la visión, pero las personas alrededor de la mesa estaban oyendo el lenguaje de la ejecución. Él estaba en las nubes, pero sus mentes estaban enfocadas en las implicaciones y la implementación cada segundo que él estaba hablando. Ellos llenaron el lenguaje concreto que faltaba con sus propias esperanzas y temores, ¡y eso es cemento de secado rápido! Es necesario, entonces, que los líderes al menos comiencen a llenar los espacios en blanco en las primeras frases de la nueva visión. Si no, perderán a su equipo en bloques de cemento.

Cuando los líderes hablan sobre el futuro, tienen que hablar continuamente en ambos lenguajes. Muchos de los líderes que he conocido me han dicho: "Sam, voy a lanzar la visión la primera semana y a darles los detalles la semana siguiente". Yo les digo que es una mala idea. Eso le da al cemento de su personal 168 horas para asentarse, y lo que se asienta puede que no esté muy cerca de la estrategia, planes y puntos de referencia que el líder pretendía decirles la semana siguiente. Es mucho más difícil romper con el martillo neumático sus suposiciones erróneas y concretas la semana siguiente, que dedicar un tiempo a empezar a verter el cemento correcto desde el principio.

Los líderes tienen que hablar en ambos lenguajes desde el principio y seguir hablando en ambos todo el tiempo hasta el final. Ambos lenguajes demandan la energía, emoción y tiempo del líder. Los líderes tienen que preparar a sus equipos para el lanzamiento de un nuevo proyecto hablando tanto de forma abstracta como concreta para conseguir el máximo de aceptación. Y tienen que seguir hablando de una forma bilingüe todo el tiempo que dure el proceso para mantener la motivación y refinar las tareas de cada persona.

En muchas compañías, la palabra "reorganización" produce a las personas escalofríos por la espalda. Enciende un interruptor automático en sus mentes y se preguntan:

¿Seguiré teniendo un empleo?

¿Me ascenderán?

¿Me degradarán?

¿Tendré un aumento de sueldo?

¿Me darán una oficina mejor?

¿Tendré que reportarme a Sara? No me cae bien.

¿Qué dejaremos de hacer? ¿Y qué empezaremos a hacer?

¿Por qué tenemos que pasar por esto otra vez? ¿Acaso no han aprendido nada?

Por supuesto, el cuadro completo de la visión puede tardar más de una reunión, así que el líder tiene que dar a conocer parte de la visión con la correspondiente estrategia, después la siguiente parte de la visión con los detalles que explican ese plan, y así hasta que toda la visión esté clara, sea fuerte y todos la hayan entendido. Si no entienden bien cómo afecta el plan general a sus vidas, el líder aún no ha sido lo suficientemente concreto.

Los líderes deben evitar hacer la suposición de que su equipo "debería entenderlo" cuando ellos hablan sobre el futuro. Cuando Satya Nadella ocupó el cargo de CEO en Microsoft, enseguida se dio cuenta de que necesitaba cambiar la cultura cambiando la comunicación. Cuando llegó, el sentimiento de visión y pasión de la empresa se había erosionado. Él quería inyectar una nueva vitalidad en la cultura diciéndoles en primer lugar a sus empleados, que los entendía. En una entrevista para *Fast Company*, él explicaba:

> Tienes que ser capaz de decir: "¿De dónde viene esta persona? ¿Qué le motiva? ¿Por qué están emocionados o frustrados por algo que esté sucediendo, ya sea sobre computación o más allá de la computación?".

Nadella entiende que solo será un buen líder si aprende continuamente su arte para innovar, dirigir y comunicar. Ha sido influenciado por el libro de la profesora de Stanford, Carol Dweck, *Mindset* (Mentalidad), "el cual bosqueja dos tipos de pensamiento. Quienes operan con una mentalidad fija es más probable que busquen actividades que utilicen las habilidades que ya han dominado, en vez de arriesgarse a quedar en ridículo por fallar en algo nuevo. Los que se enfocan en el crecimiento se ponen la misión de aprender cosas nuevas, entendiendo que no tendrán éxito en todas ellas".[30] Algunos somos visionarios por naturaleza; muchos tienen más talento para definir procesos y sistemas. Pero todos podemos

30. "Leading While Learning", una entrevista con Satya Nadella, *Fast Company*, octubre de 2017, FastCompany.com.

salir de nuestra "mentalidad fija" para pensar, dirigir y comunicar con más eficacia.

¿Cuáles son algunas señales de que nuestra comunicación de ideas abstractas y planes concretos han conectado con nuestro equipo? Podemos estar seguros de que están con nosotros cuando vuelven con sus propias ideas, planes, conceptos de mercadeo y conexiones con recursos y otros departamentos. Hacen grandes preguntas, se involucran con otros en el equipo, y superan los planes que bosquejamos inicialmente. Cuando están emocionados y no pueden irse a dormir porque la visión les despierta por la noche, hemos conectado con sus motivaciones más profundas.

> PODEMOS ESTAR SEGUROS DE QUE ESTÁN CON NOSOTROS CUANDO HACEN GRANDES PREGUNTAS, SE INVOLUCRAN CON OTROS EN EL EQUIPO, Y SUPERAN LOS PLANES QUE BOSQUEJAMOS INICIALMENTE.

Si hemos creado una cultura visionaria, a veces solo tenemos que identificar una necesidad, dibujar un cuadro y después retirarnos para ver quién se acerca para suplirla. Quizá un CEO dice: "Sería genial si pudiéramos abrir otra tienda en la parte oeste de la ciudad". El líder de una organización sin fines de lucro quizá le dice a su equipo: "Me gustaría mucho ver el espacio sin utilizar de nuestra oficina renovado como centro de cuidado infantil". Si no reciben respuesta, tienen que invertir más tiempo y corazón en crear una cultura dinámica en el equipo. Si consiguen una respuesta, quizá vean al equipo volcándose en la tarea y mostrando más creatividad y determinación que nunca.

SIETE PASOS PARA COMUNICAR VISIÓN

Esto, lo admito, es una manera concreta de describir la forma en que líderes pueden dar a conocer su visión para que las personas sean inspiradas y motivadas a apoyarla.

1. PERSEGUIR EL SUEÑO

La visión de los líderes nunca es estática. Siempre está creciendo, afilándose y desarrollándose. Están seguros y felices, pero nunca satisfechos. Hay algo que arde en su alma que les recuerda que siempre hay más que conseguir. Los líderes se alimentan continuamente de ideas de grandes líderes, oradores y entrenadores, y pueden traducir una enseñanza sobresaliente de otros campos al suyo. No se sorprenden cuando piensan en una nueva idea que está más allá de cualquier cosa que jamás hayan imaginado. Su visión es dinámica y en evolución, con énfasis distintos en etapas distintas de sus vidas. En el primer paso, el sueño tiene poca forma o sustancia; es solo una idea seductora que invita al líder a explorarla.

2. CULTIVAR EL CONCEPTO

Muchos líderes se precipitan y anuncian su visión antes de que haya tenido tiempo de marinarse y desarrollarse. Necesitan tiempo para cultivarla. Serían sabios en aprender las lecciones del campo: cultivar la tierra, plantar las semillas, nutrir las plantas y después recoger la cosecha. Las dos que más tiempo necesitan son cultivar la tierra en la primavera y nutrir las plantas todo el verano. Para los líderes, "cultivar el concepto" es análogo a un agricultor que cultiva la tierra. Es tiempo de preparar, no de plantar, hacer crecer o cosechar… todavía no. Durante este tiempo hay mucho trabajo, pero poco, si es que hay algo, para que las personas vean.

A medida que el sueño comienza a adoptar forma, el líder saca cuaderno y pluma, o un teléfono inteligente y un lápiz óptico, y comienza a cultivar el concepto desarrollando una estrategia. ¿Cómo será cuando esté realizado? ¿Qué etapas tendrá? ¿Cuáles son los badenes? ¿Qué recursos necesitará? En esta etapa, el líder traza un plan exhaustivo.

El proceso de planificación debe coordinar actividades con el calendario normal. Por ejemplo, no es sabio que una iglesia lance una estrategia de crecimiento en medio del verano; septiembre y enero son a menudo los mejores meses para iniciativas para atraer a personas nuevas. Las empresas también giran en torno a patrones de venta predecibles. Muchas empresas reciben la mitad de sus ingresos entre el día de Acción de Gracias y Navidad, así que los ejecutivos emplean gran parte del año preparándose para esta etapa corta, pero productiva.

Los colchones a menudo bajan de precio en marzo, mientras que los muebles lo hacen en julio. En meses específicos, es casi imposible conseguir una habitación de hotel en algunos sitios; en otros momentos del año puedes conseguir las mismas habitaciones a un precio mucho mejor. Todos los líderes tienen que emparejar su planificación y comunicación con las etapas identificables y predecibles.

3. REDUCIR LA MULTITUD

He aprendido a hacer la pregunta: "¿A quién necesito para hacer realidad esto?". Algunas personas están en las gradas y animan. Eso está bien, pero necesito algunas personas conmigo dentro del campo, que estén dispuestas a dar a este esfuerzo su sudor, su sangre, su trabajo y sus lágrimas. Algunas pasarán la prueba; muchas no. Eso no convierte en malas personas a quienes no califican, sino que solo unas cuantas serán las ayudas más cercanas.

4. ECHAR LA RED

Cuando se anuncian la visión y la estrategia, mira a los ojos de las personas para ver quién está contigo al instante. Debes buscar personas que se involucren pronto, que puedan añadir energía y entusiasmo a la causa lo antes posible Pero no descartes a los demás. Muchos de los que se suben después son más brillantes y a veces más dedicados.

5. COMPROMETERSE CON LA REGULARIDAD

A medida que se despliega el plan y se implementa, habrá muchos desafíos. Descubriremos que el costo es más alto de lo que esperábamos, algunas personas con las que contábamos no solucionan, y nos atrasamos en el programa. Todo esto no debería sorprendernos.

Durante los meses y años de implementación, seguimos alineando nuestros recursos (presupuesto, tiempo, personal, instalaciones, programación y energía) con la estrategia y las metas que hemos establecido. A pesar de todo, no nos rendimos. Visión más alineamiento más tenacidad, igual a éxito.

6. CONECTAR LOS PUNTOS

A lo largo del proceso, nos mantenemos continuamente conscientes del cuadro general de cómo el trabajo para llevar a cabo la visión afecta a todas las partes de la organización, y ayudamos también a nuestro equipo a ver las conexiones. Nada ocurre en un silo, ni en secreto; todo sucede en el granero abierto. Esta es una de las formas de manejar las expectativas para que las personas no se vuelvan locas cuando algo que ocurre en otro departamento tenga un impacto sobre ellos y lo que están haciendo.

7. CUIDAR DE LAS PERSONAS EN EL EQUIPO

Si alcanzamos la meta, pero nuestro equipo nos menosprecia por empujarlos y culparlos, ¿qué hemos logrado en realidad? Al final, nuestro rol como líderes es mejorar las vidas de las personas que nos rodean; el cumplimiento de la visión debería tener un impacto positivo sobre ellas. Cuidarlas conlleva tanto empatía como acción, intangibles y tangibles. Quiero crear significado para cada persona, a fin de que pueda responder a estas preguntas:

+ ¿Qué me define? (¿qué me da identidad y propósito?)

- ✦ ¿Cuáles son mis metas? (¿cuáles son los beneficios específicos de este trabajo?)

- ✦ ¿Cuáles son mis sistemas de entrega? (¿cuál es el proceso que usaré para impartir los beneficios a las personas?)

- ✦ ¿Quiénes son mis conductores? (¿quiénes son las personas que hacen que sucedan las cosas?)

Todo cambio es una crítica del pasado. Estas preguntas ayudan a las personas a navegar por el cambio para que puedan prosperar en él. Si meditan en estos asuntos, probablemente encontrarán significado en medio de lo que de otra forma podría parecer una alteración caótica del *status quo*.

CONECTAR SIEMPRE LOS PUNTOS

¿Con qué frecuencia tenemos que conectar los puntos para nuestro equipo? Incesantemente. Una frase famosa y concisa que dijo el pastor Andy Stanley hace años es universalmente cierta: "La visión se escapa". Él escribe:

La visión no se pega; no tiene un adhesivo natural. Más bien, la visión escapa. Le repites la visión a tu iglesia cien veces. Después llega alguien que hace una pregunta que a ti te hace pensar: ¿Qué ocurrió? ¿No han oído lo que les he dicho una y otra vez? ¿No saben de qué se trata esta iglesia?

En vez de frustrarte porque las personas se olviden, se desvíen o pierdan el enfoque en lo que hemos dicho que será el futuro de nuestra organización, regresa a lo básico. Stanley se hace a sí mismo preguntas incisivas, y llega a una importante conclusión:

¿Qué necesito hacer para asegurarme de que tenemos una visión atractiva como organización, y qué debo hacer para asegurarme de que no se escape? Si la visión no se comunica de una forma atractiva, la organización se desenfocará.

Donde se pierda el enfoque, solo quedará la actividad alea-
toria. Es entonces cuando te despiertas y te das cuenta de
que no te gusta la organización que estás liderando.[31]

No te sorprendas cuando las personas, incluso en tu equipo
de liderazgo, se olviden de lo que están haciendo y vuelvan a viejas
metas y procesos familiares. De hecho, espera que tu visión gotee,
incluso en tus propios pensamientos. Sigue reforzando la visión,
sigue señalando a los beneficios, y no dejes que los reveses inevitables te detengan en seco.

MÉTODOS DE COMUNICACIÓN

Tenemos que dar un paso atrás para mirar cómo hemos comunicado la visión en el pasado. Con mucha frecuencia, veremos que
la cultura ha avanzado a la velocidad de la luz, pero nosotros aún
seguimos usando métodos pasados de moda. Tenemos que con-
feccionar nuestros métodos de comunicación a la medida de la
audiencia, usando con destreza tanto la tecnología como la emo-
tividad. Tienes que personalizarlos según tu audiencia. Por ejemplo, cuando nos sentamos con el consejo y otros accionistas, queremos asegurarnos de estar físicamente lo bastante cerca como para
leer las expresiones de los demás. Queremos que vean la pasión
en nuestros ojos y queremos ver la respuesta en sus rostros para
poder explicar mejor si parecen desconcertados, continuar si parecen aburridos, o usar las palabras amables —pero firmes— si parecen resistirse.

Cuando les hablamos a empleados de primera línea o voluntarios, quizá les damos algo por escrito, pero, de nuevo, queremos conectar con ellos a nivel personal y emocional. Si no sienten
nuestro deseo ni entienden los beneficios que les aportará, hemos

---

31. "Vision Leaks", Andy Stanley, *CT Pastors*, Winter 2004, https://www.christianitytoday.
com/pastors/2004/winter/andy-stanley-vision-leaks.html.

fallado a la hora de conectar de una manera significativa. Siempre comunicamos una mezcla de información e inspiración.

Las personas de alto nivel, el consejo y el equipo ejecutivo, necesitan mucha más información sobre los detalles y los costos del plan, que el personal de primera línea y los voluntarios, pero incluso los que están más abajo en el organigrama organizacional necesitan información suficiente para darles confianza en que sabemos lo que están haciendo.

No entablamos conversaciones estratégicas y tácticas con los vendedores y los voluntarios de niños, pero el equipo ejecutivo tiene que estar involucrado en ese tipo de charlas para que se emocionen con la ejecución del plan.

> PARA CADA AUDIENCIA EN ESPECÍFICO, LOS LÍDERES TIENEN QUE COCINAR UNA RECETA DE COMUNICACIÓN DISTINTA: MÁS CARNE PARA UNOS, MÁS CONDIMENTO PARA OTROS.

Para cada audiencia en específico, los líderes tienen que cocinar una receta de comunicación distinta: más carne para unos, más condimento para otros. El contacto personal toma más tiempo y energía, pero simplemente no podemos confiar en discursos desde la tarima y las presentaciones niqueladas para conectar con el corazón de los que tienen que compartir nuestra visión. Los discursos, la comunicación escrita, la presencia en la Internet y las hojas de cálculo pueden jugar su rol, pero nunca pueden reemplazar el poder de que las personas nos miren a los ojos en un entorno individual o de grupos pequeños. Sin embargo, no tenemos que lanzar solos la visión.

QUIÉN, CUÁNDO, CÓMO

Muchos líderes creen que hablar a una gran audiencia es la forma más eficaz de comunicar visión y hacer que las personas participen. No es así. Cambiarán más corazones "lanzando la visión en cascada" de una grada a la otra, hablando primero a los accionistas para que se involucren, después llevando a uno o dos de ellos a la siguiente grada para que les hablen, y llevando a algunos de ellos a hablarle a la siguiente, y así hasta que todos en la empresa hayan oído del líder en un contexto de grupos pequeños con el apoyo activo de otros líderes de la organización que también aparezcan en la reunión.

Sí, esta estrategia de lanzar la visión necesita más tiempo, pero aporta beneficios mucho mayores. Es la forma más productiva de tratar el *quién, cuándo* y cómo de impartir la visión. Muchos líderes no quieren oírlo, pero hablar desde una plataforma tiene el dividendo más bajo sobre la inversión de cualquier medio de comunicar la visión. Mientras mayor es la audiencia, menor es el impacto.

La tarea del líder es crear la visión, pero incluso entonces, esto puede ser un proceso colaborativo. Como mencioné antes, mi estrategia es involucrar a mi equipo ejecutivo en el proceso de pensamiento y conceptualización. Cuando tengo una idea nueva y una visión en ciernes, me siento con ellos, les cuento mis ideas y luego digo: "Necesito su ayuda. Necesito que mejoren esta idea". No pregunto: "¿Creen que deberíamos hacer esto?". No pregunto: "¿De dónde sacamos el dinero y otros recursos para llevarlo a cabo?". No pregunto: "¿Cómo se sienten con esto?". No pregunto: "¿Están de acuerdo con esta idea?". No abro la puerta a las dudas. En cambio, los convierto a ellos en socios valorados para crear el mejor plan posible para convertir la idea en una realidad.

Uso una cartulina para escribir sus ideas con su nombre o iniciales al lado de cada punto. Ninguna idea es una mala idea; se considera todo. Esto valida sus contribuciones, incluso aunque sepan que no podemos hacer todo lo que sugieran. Este proceso está lleno de un diálogo abierto para que las personas se sientan libres de comunicar sus ideas y ser creativos.

En algún punto comienzo a pedirles que expliquen cómo una idea en específico podría funcionar, para que puedan explicar el proceso y los beneficios de sus conceptos. Por supuesto, una gran visión requiere muchas reuniones para definir la visión con más claridad y pensar bien los planes, beneficios y retos, pero este método traspasa la carga del pensamiento estratégico, de los hombros de una persona a todo el equipo.

En la cascada de comunicar la visión, hay un creador de la visión: el líder principal. Él o ella reclutan al consejo, al equipo ejecutivo y a los accionistas clave para que se conviertan también en lanzadores de la visión, a fin de que la organización tenga una voz cohesiva y general. Todos los que ven el valor de llevar a cabo la visión se convierten en portadores de la visión que se la cuentan a quienes les rodean. Cuidar de la visión es responsabilidad de todos.

LA CASCADA DE COMUNICAR VISIÓN

Creador

Lanzadores

Portadores

Cuidadores

Los líderes seguros y sabios reconocen que algunos en su equipo ejecutivo y otros líderes de alto nivel tienen gran influencia con ciertas audiencias en la organización. En vez de ser la única voz de la visión, estos líderes reclutan a sus tenientes para convertirse en la voz para esas audiencias, o al menos para ser una segunda voz para ellos. De esta forma, hay múltiples lanzadores de visión, todos hablando el mismo lenguaje con el mismo entusiasmo, pero con formas ligeramente distintas de expresar los beneficios y los procesos. Esto no provoca confusión, sino todo lo contrario, crea sinergia en el liderazgo, visión y pasión.

Por desgracia, muy pocos líderes han adoptado esta estrategia de identificar personas que influencian a otros, reclutándolos para ser los lanzadores de la visión y enviándolos a sus audiencias marcadas. Demasiadas personas confían exclusivamente en sí mismas para comunicar, inspirar y motivar a otros a la acción. Reclutar a varios lanzadores de visión no es difícil; simplemente tenemos que identificar los grupos que queremos alcanzar, como departamentos o sucursales, y después identificar los líderes que tienen la mayor influencia en esos grupos.

En conversaciones con líderes de organizaciones grandes y exitosas, varios me han dicho que están muy frustrados porque las personas de sus equipos de liderazgo no hacen un buen trabajo al transmitir la visión. O bien evitan intentar dibujar un cuadro del futuro, o lo dibujan de una forma que tiene muchos grises y carece de colores lo suficientemente vivos. He animado a estos CEO y presidentes a no suponer que sus líderes principales saben cómo exponer la visión de manera clara y atractiva. Necesitan entrenamiento, y los CEO y presidentes tienen que entrenarlos. Cada uno necesita un guión poderoso con ilustraciones para que sepan qué decir. Tienen que practicar sus presentaciones representándolas ficticiamente, y recibir coaching para que puedan mejorar sus habilidades de comunicación.

Las empresas no envían personas a vender productos sin antes entrenarlos en técnicas de ventas. Del mismo modo, no deberían esperar que los líderes principales sean buenos exponiendo la visión sin primero entrenarlos. Lanzar la visión puede ser una segunda naturaleza para los líderes principales, pero no lo es para las personas en sus equipos.

Parte del proceso de planificación es crear una estrategia de multiplicación de lanzadores de visión y situarlos en posición para ser eficaces. Conozco a algunos líderes que hacen un trabajo fantástico a la hora de reunir y equipar a personas influyentes para las causas que defienden. Han pasado tiempo cultivando esas relaciones y el beneficio es exponencial. No pensarían en dirigir de ninguna otra forma.

> PARTE DEL PROCESO DE PLANIFICACIÓN ES CREAR UNA ESTRATEGIA DE MULTIPLICACIÓN DE LANZADORES DE VISIÓN Y SITUARLOS EN POSICIÓN PARA SER EFICACES.

Se reúnen con personas de influencia para compartir la visión y hablar sobre cómo esas personas pueden comunicarse con individuos o grupos. El líder explica la información y los beneficios que inspirarán a sus oyentes, y les preparan hablando sobre las preguntas y preocupaciones que pudieran encontrar. Cuando estas personas influyentes están preparadas y se reúnen con esas personas, la visión desciende en cascada a otra parte de la organización.

¿Por qué la mayoría de los líderes principales no usan esta estrategia de comunicación? Porque sus egos insisten en que ellos deben ser el centro de atención y la única voz de la visión.

He visto a algunos líderes cometer otro grave error en las tres áreas: quién, cuándo y cómo. Primero acudieron a personas que no estaban en posiciones de autoridad porque estaban seguros de que esas personas se emocionarían. Quizá vieron resistencia en sus líderes de alto nivel en el pasado, así que fueron reticentes a acudir a ellos primero. Es un error garrafal. ¡La cascada inversa no funciona!

En muchos casos, no obstante, no hay motivos ocultos o agendas privadas. El líder está emocionado con una nueva idea y encuentra a las primeras personas que le oigan. El problema, claro está, es que los altos líderes se *sienten* ignorados y evitados, porque la verdad es que, aunque sea inadvertidamente, *fueron* ignorados y evitados.

La mayoría de los problemas en las organizaciones viene del tercer nivel de compromiso. Por lo general, el equipo ejecutivo se involucra y se entusiasma. El segundo nivel, los gerentes, está familiarizado con el proceso de implementar el cambio, así que adopta y apoya el cambio. Las personas del tercer nivel, los empleados de primera línea en los negocios, son los más frágiles. En muchos casos es ahí donde comienza la disensión, se infecta e infecta a un gran número de personas más antes de que el líder principal ni siquiera se dé cuenta de lo que está ocurriendo. Esto a menudo ocurre porque el líder no ha comunicado lo suficientemente bien en su nivel, y el temor al cambio es aún mayor que el deseo de cumplir la visión. El líder no ha sabido crear el sentido que tiene para ellos; no ha expuesto los objetivos y los resultados clave, así que la nueva meta no consigue moverles el corazón, las manos y el bolsillo.

HA SUCEDIDO ANTES

Vemos una cascada de comunicación de la visión en el relato de Lucas de la iglesia primitiva en el libro de Hechos. Pablo y Bernabé regresaron de su viaje por las ciudades de la actual Turquía. (Ver Hechos 14-15). En cada comunidad, primero iban a la sinagoga de los judíos para anunciar que Jesús era el Mesías. Cuando recibían una fría bienvenida, llevaban el mensaje a los gentiles, que por lo general eran más receptivos. Cuando los dos hombres regresaron a su base en Antioquía, algunas personas se enojaron porque Pablo no había exigido a los gentiles que se circuncidaran antes de comenzar iglesias entre ellos.

Pablo tenía una visión mucho mayor porque había visto fe en acción entre los gentiles. Se dio cuenta de que eso ampliaría exponencialmente el alcance del evangelio mucho más allá del pueblo judío. Pablo podría haber ignorado a los hombres que le resistieron, pero no esquivó los canales de autoridad establecidos. En su lugar, informó de los detalles sobre la fe de los gentiles y los milagros que se habían producido en cada ciudad.

La visión de Pablo de admitir a los gentiles en la iglesia primitiva sin exigir la circuncisión, tuvo unos accionistas clave lanzadores: Pedro y Santiago. No se dejó sin atar ningún cabo. Se pensó en la visión con esmero, se investigó a fondo y se implementó con pasión y destreza. Cartas y grupos de discípulos fueron enviados para difundir la visión y la inspiración por todo lugar. Enseguida, todos se interesaron por ella.

Este momento cambió el curso de la historia. ¿Quién sabe lo que habría sucedido si esta visión no se hubiera implementado?

Tú y yo podemos seguir el patrón de Pablo de identificar una visión, crearla y presentarla, reclutando a personas influyentes para que se unan a nosotros en la tarea de comunicarla, y ver cómo la portan con entusiasmo muchos otros.

PARA PENSAR...

1. ¿Qué significa que los líderes deben ser bilingües? ¿Cuál de los dos lenguajes, abstracto o concreto, es tu lenguaje natural?

2. ¿Cuáles son algunas formas que ayudan a entender que la mayoría de las personas en nuestra organización tienen que oír ambos lenguajes desde el principio?

3. Repasa los "Siete pasos para comunicar la visión". ¿Cuál de ellos realizas de forma natural? ¿Cuál necesita algo de atención? ¿Cómo mejorarás?

4. Describe el concepto de "visión en cascada". ¿Por qué implementar esta estrategia es más eficaz que la actuación de una sola persona?

5. ¿Quiénes son las personas de influencia con las que puedes contar para que sean lanzadores de la visión? ¿Cuáles son sus áreas de influencia?

6. ¿Qué es algo que debes hacer ahora para lanzar la visión con más claridad y poder?

10

¿CÓMO MOTIVO A QUIENES DIRIJO? LA PREGUNTA SOBRE EL DESCUBRIMIENTO

En mi experiencia, hay dos grandes motivadores en la vida.
Uno es el temor. El otro es el amor. Puedes dirigir una
organización mediante el temor, pero si lo haces, estarás
asegurando que tu gente no rinda según sus capacidades.
—Jan Carlson,
exdirector y CEO de Scandinavian Airlines

Cuando llegué a los Estados Unidos, me inscribí en un instituto bíblico. Era, según todos los parámetros, el estudiante menos memorable del campus. Mi inglés no era muy bueno, no tenía el mismo color de piel que los demás, no vestía con elegancia y no era exactamente el tipo más popular del campus. En mi segundo año, asistí a una iglesia cerca de la escuela. El pastor, Tom Grinder, tenía un ritual antes de cada reunión. Se quedaba en la entrada saludando a las personas hasta dos minutos antes de comenzar. Cuando entraba, caminaba por el lateral de la iglesia alrededor del piano y subía hasta la plataforma. Cuando se sentaba en su silla, era la señal para que el líder de alabanza se pusiera en pie para la primera canción. Yo siempre me sentaba en la última fila.

Una semana, un martes por la tarde, cuando el pastor Grinder pasó por mi lado, me dio un golpecito en el hombro, se inclinó y me susurró: "Sam, toma un himnario. Hoy diriges tú la música". No se detuvo para ver mi respuesta. Siguió caminando hasta el frente.

Yo nunca había dirigido la alabanza en mi vida. Nunca había *pensado en* dirigir la alabanza en mi vida. En ese momento, estaba seguro de que nadie en su sano juicio me pediría dirigir la música, pero sabía que cuando el pastor Grinder se sentara, se esperaba que alguien, imagino que yo, se pusiera en pie y dirigiera a la congregación en los cantos. Agarré un himnario y fui deprisa tras él.

No conocía muchas canciones, pero recordaba que el número 57 era "Sublime Gracia" y el número 128 era "Victoria en Jesús". Me acerqué rápidamente a Jean, que tocaba el piano, y escogimos una tercera canción. Al instante, me acerqué al púlpito y anuncié: "Bienvenidos en esta noche". Vayamos al número 57 en nuestros himnarios. Vamos a comenzar con 'Sublime Gracia'.

Mi mente iba a toda velocidad para recordar todo lo que el líder habitual de alabanza hacía cada semana. Intentaba copiarle lo más que podía, pero no había prestado la suficiente atención en todas las reuniones a las que había ido. Espero haber transmitido seguridad. Nunca antes lo había hecho, pero las personas que había sentadas en los bancos no sabían que yo nunca lo había hecho.

Después de la reunión, el pastor Grinder me dijo que el líder de alabanza habitual se había enfermado esa noche. Probablemente oré por su sanidad con más fervor que nunca, pero después de haber hablado y cantado, el tiempo de alabanza no fue del todo mal. De hecho, el pastor Grinder me pidió que lo volviera a sustituir varias veces. Varias semanas después, se acercó a mí después de la iglesia y me dijo: "Sam, en el ropero tenemos algunas túnicas del coro que no hemos usado desde hace años. ¿Te gustaría comenzar un coro?".

Nunca me había puesto una túnica de coro, y nunca había estado en un coro, y por supuesto, nunca antes había dirigido un coro, pero dije: "Claro. Me encantaría".

Les pedí a varios amigos, incluyendo a Brenda, que ahora es mi esposa, que se apuntaran al coro. Las túnicas eran clásicas, verdes con bordes dorados, pero tenían una marca permanente de las perchas por haber estado allí colgadas durante tantos años. Sin problema. Eran las mejores túnicas que podíamos haber vestido. Mi túnica tenía mangas a medida para poder alzar mis manos sin lastimar a nadie. Ensayamos y aprendimos varias canciones. Debíamos ser bastante buenos, porque conseguimos un autobús y nos lanzamos a la carretera a cantar en otras iglesias.

Unos meses después, el pastor Grinder se acercó a mí y me dijo: "Sam, ¿cómo ves la idea de comenzar un ministerio en una residencia?".

No tenía ni idea de a qué se refería. ¿Estaría hablando de una residencia para ancianos? En esos días, no teníamos residencias en India. Las personas mayores vivían y morían con sus familias. Tras explicármelo, dije: "Claro, yo lo hago".

Encontré una residencia a unos quince kilómetros del campus. Cuando fui para hablar con el administrador, enseguida descubrí que era judío. Yo no era consciente de que hubiera ninguna tensión histórica, cultural o social entre los judíos y los cristianos, así que me lancé a ofrecerle llevar personas para cantarles a las personas que había allí, y para escucharles contar historias de sus vidas. Él accedió a dejarnos ir. Yo tocaba el acordeón y reuní a mis amigos para que me acompañaran a visitar a los ancianos en su residencia. Poco después, había más de cien personas en nuestras reuniones.

No tengo ni idea de lo que el pastor Grinder vio en mí, pero descubrió deseos ocultos y talentos que yo no sabía que existían. Antes de darme ese golpecito en el hombro aquel martes en la noche, yo había vivido en el anonimato. Para conseguir dinero para pagar mis gastos había sido cocinero, había lavado platos y limpiado baños. Pero el pastor Grinder vio un potencial que nadie más había visto. De repente, estaba dirigiendo la alabanza con personas de la congregación que comían los desayunos que yo preparaba, usaban los platos que yo lavaba e iban a los baños que limpiaba.

DESCUBIERTO POR ALGUIEN

A todos nos ha descubierto alguien en algún momento de nuestra vida. Ningún hombre ni mujer se ha hecho a sí mismo. Una de nuestras tareas más importantes como líderes es descubrir a las personas que nos rodean. Pero antes de hablar de ellos, hablemos de ti. ¿Quién te descubrió? Alguien descubrió el potencial latente en Abraham Lincoln, Billy Graham, la Madre Teresa, Bill Gates y todos los demás líderes que han impactado a otros, al margen de que estas personas hayan llegado a los titulares o no.

Cuando una maestra observó que éramos buenos en matemáticas, escritura o historia, ella vio algo que quizá nadie más había visto

> LAS PERSONAS QUE NOS DESCUBRIERON VIERON TALENTO BRUTO, NOS DIERON OPORTUNIDADES PARA ALZAR EL VUELO Y VALIDARON NUESTRA MANERA PARTICULAR DE PENSAR Y SERVIR.

antes. Cuando un entrenador nos animó a jugar mejor, fue porque vio que podíamos hacerlo mejor de lo que pensábamos que podíamos. Cuando un jefe nos dijo "sí" cuando estábamos buscando un empleo, tuvo la oportunidad de descubrir nuestro potencial.

En un artículo para *Forbes*, Glenn Llopis dijo esto sobre los líderes que lo descubrieron:

Cada uno aportó una perspectiva única a mi desarrollo, y su sabiduría me empujó a ver cosas sobre mis propias capacidades de liderazgo y aptitudes que yo no había visto nunca, y que nunca antes había apreciado o entendido plenamente.[32]

A veces las personas intentan descubrirnos, pero decimos: "No, yo no, o ahora no". En 1997, John Maxwell se había mudado recientemente a Atlanta. Sus amigos Bill McCartney de Promise Keepers (Cumplidores de Promesas) y el pastor Jack Hayford le dijeron: "Tienes que conocer a Sam". John vino a mi oficina, se sentó en la mesa y me contó su visión de desarrollar líderes. Me preguntó si me quería unir a él. Sabía que significaría dejar mis funciones de presidente del instituto bíblico, que era el trabajo más grande e influyente que podía imaginar. Respondí: "Gracias, John, pero no, no estoy interesado".

Cuando llegué a casa esa noche y le conté nuestra conversación a Brenda, ella al instante dijo algo sarcástico sobre mi falta de sensatez. Me dijo: "No debías haberlo rechazado. Puedes hacer las dos cosas". Yo no había pensado en eso.

Una semana después, John habló en nuestra escuela. Tras su mensaje, vino a mi oficina. Le dije: "No quiero dejar lo que estoy haciendo ahora, pero creo que puedo asociarme contigo y apoyar tu visión. Hablemos de nuevo de ello. Déjame ver qué parte es congruente conmigo y mis capacidades". En ese entonces, la visión de John tenía tres componentes: formar líderes internacionalmente, en universidades y seminarios, y en entornos urbanos. Le dije que me gustaría participar en la formación de líderes en las ciudades.

---

32. "Leadership Is All About Enabling the Full Potential in Others", Glenn Llopis, *Forbes*, 29 de julio de 2014, https://www.forbes.com/sites/glennllopis/2014/07/29/leadership-is-about-enabling-the-full-potential-in-others/#14b93e866698.

Fue, en muchos sentidos, la plataforma de lanzamiento para el resto de mi carrera. Mi primer "no" fue corto de vista. Gracias a Brenda, pensé más en ello y encontré la forma de decir "sí".

EL PROCESO DE DESCUBRIMIENTO

Los grandes líderes son estudiantes de su equipo. Observan y estudian a quienes les rinden cuentas para poder sacar lo mejor de ellos. Estos líderes están siempre en el proceso de descubrimiento. Esto no debería sorprender a nadie. Si estás casado, sabrás que estás continuamente descubriendo más cosas sobre tu cónyuge. Pensabas que habías descubierto las profundidades de sus sentimientos, perspectivas, temores y sueños, pero a menudo te das cuenta de que tienes más que aprender… y en algunos casos, mucho más.

Las personas de nuestro equipo no solo están cubriendo una vacante y sacando trabajo adelante. Si es así como los vemos, tendremos poco impacto en su desarrollo y no llegaremos a contactar con lo mejor que pueden ofrecer. Para dirigir bien a nuestro equipo, necesitamos lanzar un proceso de descubrimiento en tres áreas principales: sus dones, sus pasiones y sus longitudes de onda.

DESCUBRIR SUS DONES

Podemos mirar un currículum para identificar la preparación, las credenciales y la experiencia, pero posiblemente eso no nos cuente toda la historia de los talentos de una persona. Tenemos que observar qué actividades son intuitivas, qué le gusta hacer y qué parece costarle poco hacer. La lista es interminable. Algunas personas saben analizar de manera genial a otros, algunos pueden analizar sistemas en un abrir y cerrar de ojos, algunos tienen unos talentos musicales tremendos, algunos son físicamente fuertes, algunos son visionarios, algunos son meticulosos, algunos son muy buenos con los números, y un largo etcétera. Conozco a personas que pueden distinguir los dones espirituales de los talentos naturales. No tenemos que entrar en ese debate, pero solo digo que cada habilidad que poseemos es un don de Dios.

¿Por qué los líderes tienen que ayudar a otros a descubrir sus talentos? En primer lugar, las personas necesitan que se les valide. Como los adolescentes, han probado una decena de cosas distintas para ver si alguna de ellas funciona, pero no están seguros de lo que pueden hacer bien. Los líderes pueden llegar, observar fortalezas y señalarlas. La validación es uno de los mensajes más poderosos e importantes que los líderes pueden comunicar a su equipo. En segundo lugar, ayuda al líder a saber cómo situar a las personas en el lugar donde puedan mejorar y aportar lo mejor de sí a la organización. Cuando un líder descubre y señala los talentos de los miembros de un equipo, todo el mundo gana.

DESCUBRIR SUS PASIONES

> ¿QUÉ MANTIENE DESPIERTO A TU EQUIPO POR LA NOCHE, CON GRANDES SUEÑOS Y ESPERANZAS? ¿EN QUÉ NO PUEDEN DEJAR DE PENSAR?

De vez en cuando, una persona puede tener mucho talento en un área, pero le falta pasión, o incluso le falta interés. Este problema no es tan raro como pudiéramos creer. Conozco algunas personas que tienen una agudeza mental sobresaliente en matemáticas, pero trabajan en áreas donde raras veces la necesitan. Están más interesados en las personas, los sistemas o el liderazgo. Sorprenden a su familia y amigos con su capacidad de averiguar casi al instante el día de la semana que será dentro de un año o el total de la multiplicación de dos grandes números, pero son indiferentes acerca de esa habilidad.

¿Qué le *apasiona* a tu equipo? ¿Qué los *motiva?* ¿Qué los mantiene despiertos por la noche con grandes sueños y esperanzas? ¿Qué hace que les brillen los ojos? ¿Qué hace que sus corazones latan más deprisa? ¿En qué *no* pueden dejar de pensar? ¿Qué les provoca lágrimas y risa? ¿Qué les hace quedarse más tiempo para averiguar cuál es el siguiente paso? ¿Qué es tan importante que lo defienden ante todos aquellos que dudan de ellos? Lo que haya en el centro de estas respuestas es su *razón para vivir*.

DESCUBRIR SUS LONGITUDES DE ONDA

Todas las personas en nuestras vidas, incluidos familiares y amigos, están posicionados en algún lugar en una frecuencia, como una radio que recibe cierta estación. Si Brenda está en FM y yo estoy pensando y hablando en AM, ella no oirá ni una palabra de lo que yo diga. Si yo cambio a FM, pero estoy en una estación distinta, ella no me oirá.

Podemos sintonizar con nuestro equipo girando el cuadrante para pasar de decir a preguntar, y a conexiones emocionales. Con demasiada frecuencia, los líderes entran a una reunión con una agenda en mano y comienzan a meterse de lleno en los puntos. Su meta es descargar la información y las indicaciones lo más eficientemente posible para poder ir a la siguiente reunión.

Algunas de las personas están en su misma longitud de onda, pero al menos unos cuantos probablemente no lo estarán. Quizá no durmieron la noche pasada, quizá su bebé estaba enfermo, quizá estaban preocupados por las finanzas, o la salud, o cualquier otra cosa, o quizá otra persona le dijo algo ofensivo justo antes de comenzar la reunión. Sea cual sea la causa, esas personas no están escuchando. La primera solución es hacer preguntas. Esto te ayuda a saber quién está en tu longitud de onda y quién no. También te ayuda ir a la longitud de onda de los que están distraídos por alguna razón. Es vital que todos adquiramos la habilidad de hacer buenas preguntas.

En algunos casos, las preguntas suscitan dolor, temor o ira que no se puede tratar debidamente en la reunión. Si los líderes siguen tratando los puntos de su agenda, puede que estén trasmitiendo que realmente no les importan los demás. Otra manera de manejar esta situación es decir: "Quiero hablar con ustedes sobre esto después de la reunión". Después, en un entorno distinto, el líder puede entrar en la longitud de onda emocional de la persona mostrando compasión, intentando entender más que dirigir. En estos casos, la empatía es la mejor fuente de resolución.

Para algunos equipos, el líder tiene que entrar y dar direcciones claras como el cristal. Eso es exactamente lo que se necesita. Pero en la mayoría de los equipos, el líder podría decir: "Esta es mi idea. Mejórenla", o "ese evento salió realmente bien. ¿Qué podemos hacer para mejorarlo la próxima vez?". Si un grupo ha estado junto ya un tiempo, a menudo tienen una longitud de onda colectiva. En muchos casos, el equipo capta la frecuencia emocional del líder y refleja ese optimismo o pesimismo, deleite o apatía.

> ES VITAL QUE TODOS ADQUIRAMOS LA HABILIDAD DE HACER BUENAS PREGUNTAS.

Los líderes que estudian a su equipo aprenden a entrar en su longitud de onda intelectualmente y conceptualmente, confeccionando su vocabulario y la complejidad de sus conceptos para que se ajusten a la capacidad del grupo. También descubren la madurez relacional para saber si esperar que los miembros de su equipo actúen como adolescentes o como adultos. Las ilustraciones y expectativas del líder también son moldeadas por la longitud de onda socioeconómica de las personas de la sala.

La receptividad de cada persona se ve afectada por los eventos pasados y actuales. Como hemos visto, una historia de relaciones dolorosas puede hacer que algunos adopten una actitud desafiante, pero hace que otros sean demasiado complacientes. Y los problemas actuales en casa pueden hacer que sea muy difícil que los miembros del equipo se enfoquen en el trabajo que tienen entre manos.

En todo esto, el líder no ve los desafíos y se rinde en cuanto a hacer progreso alguno. En cambio, los grandes líderes observan cuándo las personas no están en su misma frecuencia, y hacen preguntas y conexiones compasivas para entrar en la misma longitud de onda de su equipo. Si quieres que las personas den todo lo que tienen a tu organización y tu causa, asegúrate de que sienten que están sintonizados en la misma estación.

DEDICA TIEMPO A FORMAR TU MEJOR CULTURA

Algunas personas en el mundo empresarial podrían insistir: "No tengo tiempo para todo esto. ¡Tenemos mucho trabajo que hacer!". Yo sugeriría con mucho respeto que descubrir los dones, las pasiones y las longitudes de onda de tu equipo te ayudará a crear una cultura que conseguirá llevar a cabo mucho más trabajo. En su libro, *A Better Way* (Un camino mejor), los empresarios Randall Keene y Timothy McKibben afirman:

> La cultura tiene un profundo impacto sobre las personas y moldea los procesos que usan. Si un líder crea una cultura disfuncional, el equipamiento no se ve afectado, pero las personas sufren. La cultura global de la compañía es siempre, siempre, un reflejo del propósito y la personalidad del presidente. Una cultura fuerte y saludable puede ser un combustible tremendo para el éxito al crear un entorno

que inspire creatividad, cooperación y automejora, pero solo si el presidente valora esos rasgos al dirigir el equipo ejecutivo. Empieza por arriba, y se sostiene mediante un esfuerzo intencional y perpetuo desde arriba.[33]

Los líderes tienen que descubrir los dones, las pasiones y la longitud de onda de las personas que les rinden cuentas directamente; es ahí donde la cultura se crea y es ahí donde se sostiene. Pero estos líderes también tienen que interactuar de formas significativas con personas más allá de sus equipos. El CEO de GE, Jack Welsh describió esto como "dirección mediante dar vueltas". Es importante salir de nuestras oficinas y salas de conferencias para estar hombro con hombro con las personas que hay por debajo en la cadena de mando, para observar, al menos en cierta medida, lo que hacen de forma excepcional, lo que les emociona, y en qué estación están sintonizados.

> LAS PERSONAS QUIEREN TRABAJAR EN UN LUGAR DONDE SE SIENTAN VALORADAS, Y LA PRESENCIA ATENTA DE UN LÍDER COMUNICA VALOR.

Los pastores pueden dedicar tiempo a hablar con quienes dan la bienvenida, los cuidadores de niños, los técnicos de sonido y luces, y los miembros del coro. Los líderes empresariales pueden hablar con las personas de sus centros de llamadas, ventas, mercadeo y producción. Solo aparecer para que nos vean y para escuchar es la mitad de la batalla, quizá más. Las personas quieren trabajar en un lugar donde se sientan valoradas, y la presencia atenta de un líder comunica valor.

---

33. Randall Keene and Timothy McKibben, *A Better Way* (Friendswood, Texas: Baxter Press, 2016), p. 128.

Iglesias y empresas motivan a su equipo de formas similares. La única diferencia real es cómo miden el éxito. En una empresa, el éxito se monitoriza por lo general en ingresos, beneficios y precio de las acciones. Cada nueva empresa comienza con la pregunta: ¿cómo hacemos dinero desde esta idea? La iglesia mide cosas como almas salvadas, personas en los grupos y el número de misioneros. Los presupuestos e instalaciones son medios para esos fines. Las empresas e iglesias tienen más en común de lo que muchas personas piensan: ambas toman decisiones financieras, de plantilla, de instalaciones, deuda y decisiones legales; ambas tienen accionistas y alguna forma de jerarquía organizacional; ambas pueden crecer y prosperar; y a ambas las pueden dividir personas disgustadas que se llevan consigo a otras personas disgustadas.

CONVERTIRSE EN UN LÍDER TRANSFORMACIONAL

Mi amigo Stephen Forgarty obtuvo su doctorado haciendo una investigación sobre cómo los pastores se pueden convertir en líderes transformacionales. Los principios de su libro, *Light a Fire* (Enciende un fuego), también se aplican más allá de la iglesia a organizaciones sin fines de lucro y empresas. Él identifica cuatro características principales del liderazgo transformacional:

INFLUENCIA IDEALIZADA

Para tener un impacto sobre sus seguidores, los líderes deben ser atractivos. Su carácter debe tener una mezcla de valentía y humildad, amabilidad y tenacidad. Cuando los líderes pierden el respeto de quienes los rodean, las personas emplean la mayor parte de su tiempo protegiéndose, promoviéndose o buscando una escotilla por la que retirarse.

MOTIVACIÓN INSPIRACIONAL

Los grandes líderes tienen los dones innatos, o quizá la habilidad adquirida, de crear un mensaje que cautive corazones y redirija vidas. Para ellos, las palabras no son rancias y sin vida; tienen el enorme poder de inspirar, corregir y transformar individuos, grupos y comunidades. Ronald Reagan, Winston Churchill, Nelson Mandela y Martin Luther King Jr. son claros ejemplos de personas que entendieron cómo dar forma a sus mensajes para hacer que las personas pasen a la acción.

ESTIMULACIÓN INTELECTUAL

Los líderes dotados hacen preguntas incisivas y ofrecen perspectivas nuevas. Cuando hablan o escriben, otros a menudo se preguntan: ¿Por qué no se me ocurrió a mí eso? Los mensajes de estos líderes llevan a las personas a pensar más profundamente, a luchar con hechos e ideas, y a moldear sus vidas en torno a una nueva forma de ver la verdad.

CONSIDERACIÓN INDIVIDUALIZADA

Los líderes son eficaces porque tocan a unos pocos que se infectan con el mismo entusiasmo y, por consiguiente, infectan a muchos otros. Un gran orador puede dejar una mella en las masas, pero los mejores líderes saben que necesitan enfocarse en unos pocos. Prácticamente todos los movimientos revolucionarios los comenzaron líderes individuales que capturaron la imaginación de un pequeño grupo de hombres y mujeres. Los seguidores se enamoraron del poder, la certeza y la determinación del líder, y en algunos casos, de su humildad y compasión.

JESÚS FUE UN LÍDER MODELO

Stephen destaca que el líder que ejemplifica estos rasgos de manera más perfecta es Jesús. Jesús puede ser nuestro modelo, nuestro ejemplo y nuestro guía cuando intentamos motivar a las personas de nuestro equipo. En su libro, Stephen escribe que algunos pastores y, por extensión, líderes en otros campos, tienen la visión larga, pero sus pasos hasta llegar allí son cortos. Otros tienen un carácter ejemplar, pero no aportan mucho la chispa para encender la motivación de otros. Pocos líderes, dice Stephen, estimulan la reflexión profunda en su personal. En otras palabras, la mayoría de los líderes no equipan a su personal para que piensen.

Él escribe sobre Cristo:

> Jesús cambiaba continuamente la forma normal que tenían sus oyentes de pensar en Dios y en la vida. Una y otra vez, la gente tenía que pensar más profundamente en lo que él había dicho para poder entenderlo y aplicarlo, y los discípulos a menudo le pedían que explicara sus puntos.

Después Stephen nos pregunta:

> ¿Con qué frecuencia nos pide la gente que expliquemos mejor lo que hemos dicho, y lo preguntan porque es particularmente bueno o desafiante, o porque nuestro punto ha sido tan opaco que nadie lo ha entendido? No seas intelectualmente perezoso. Encuentra autores y maestros que estiren tu mente y tu corazón. Métete de lleno en sus libros y sermones, lucha con sus puntos, y encuentra ideas para adaptar su enseñanza a tus propios mensajes.[34]

No podemos suponer simplemente que las personas que nos rodean "deberían" estar motivadas porque nosotros lo estemos o porque se les pague por hacer un trabajo. Tenemos que pensar con más profundidad y claridad sobre lo que enciende su fuego. Cuando validamos sus talentos, inspiramos y dirigimos sus pasiones, y sintonizamos su longitud de onda, crearemos una cultura de tenaz optimismo, creatividad vibrante y esperanza inmortal. ¿No es ese el tipo de personas que tú quieres liderar?

---

34. Stephen Forgarty, *Light a Fire* (Parramatta, NSW: Australasian Pentecostal Studies, 2016), pp. 49-53.

PARA PENSAR...

1. ¿Quién te descubrió a ti? ¿Cómo sucedió? ¿Cuál fue el impacto que causó en ti?

2. Piensa en las personas que te rinden cuentas y responde estas preguntas para cada una de ellas:
   › ¿Cuáles son tres cosas que la persona hace bien?
   › ¿Qué hace que esta persona se levante y se emocione?
   › ¿Cuál es la longitud de onda de esta persona?

3. En una escala de 0 (para nada) a 10 (realmente bien), ¿cuánto conoces a tu equipo? O, mejor aún, ¿cuánto creen ellos que les conoces? Explica tus respuestas.

4. ¿Cómo puedes llevar esas ideas sobre tu equipo a su máximo efecto?

5. ¿Qué tipo de cultura estás creando? ¿Cómo puedes hacer mejores preguntas y entrar más a menudo en la frecuencia emocional de ellos?

6. Si hubieras aplicado los principios y prácticas de este capítulo hace dos años, ¿en qué serían diferentes tu equipo y tu organización hoy día?

7. ¿Cómo te evaluarías a ti mismo en las cuatro áreas del liderazgo transformacional? ¿Cuál es tu fortaleza? ¿A cuál podrías prestarle algo de atención?

11

¿QUÉ HAY EN MÍ QUE PODRÍA IMPEDIR QUE ME CONVIRTIERA
EN TODO AQUELLO PARA LO QUE ESTOY DESTINADO?
LA PREGUNTA SOBRE EL CRECIMIENTO

Nunca eres demasiado mayor como para ponerte otra
meta o soñar alguna cosa nueva.
—C.S. Lewis

Hay una pregunta que me hago cada día, y a menudo diez veces al día. Es la pregunta que si dejo de hacérmela y responderla, hará que mi vida enseguida se estanque con poco crecimiento y mucho menos que ofrecer a otros. Se podría decir que estoy obsesionado con esta pregunta, pero yo no creo que haya nada malo en esta intensidad. De hecho, creo que todos deberíamos obsesionarnos con ella. La pregunta que me hago continuamente es: "¿Qué hay en *mí* que podría impedir que *me* convirtiera en todo aquello para lo que estoy destinado?". O dicho con la perspectiva del reino: "¿Qué hay en *mí* que podría impedir que *me* convirtiera en todo lo que Dios quiere que sea?".

Algunos líderes no quieren plantear esta pregunta porque se enfoca en ellos y se sienten incómodos estando en el foco de atención. Quizá estos líderes tienen un bagaje emocional de errores del pasado que no quieren destapar y abrir. Quizá suponen que no hay nada que evaluar, o tal vez piensan que están demasiado ocupados haciendo otras muchas cosas "más importantes". Sea cual sea la razón, la falta de autoevaluación les impide hacer miles de correcciones de mitad de curso y aprovechar las oportunidades de crecimiento.

Una y otra vez, examino muy bien cómo respondo a Brenda, cómo reacciono a algo que las personas de mi equipo dicen o hacen, mi falta de seriedad por un asunto que realmente es importante para otro, ya sea que esté totalmente presente en la conversación o vagando en mis pensamientos sobre otra cosa, o cualquier otra bandera amarilla que llame mi atención. Si los atrapo cuando son avisos suaves, no se convertirán en catástrofes.

HAZTE LAS PREGUNTAS PERSONALES DIFÍCILES

Conozco a muchos líderes inquisitivos, hombres y mujeres, que se hacen grandes preguntas para poder pensar con más claridad, pero la mayoría de estas personas están con la mirada fija en mejorar sus organizaciones, no su crecimiento personal. Los animo a ser sus propios entrenadores personales y preguntarse:

+ ¿Cuáles son los tres cambios que puedo hacer hoy, que aportarán dividendos en mi vida en los siguientes seis meses? (¿qué obstáculos hay que tratar y eliminar? ¿Qué cosas buenas se pueden acelerar?).

+ ¿Cómo puedo mejorar como cónyuge, hijo, hermano y padre?

+ ¿En qué etapa de mi vida estoy? ¿Qué debería estar ocurriendo en esta etapa?

+ ¿Cómo me puedo preparar para la siguiente etapa de mi vida?

+ ¿Quién es el amigo o mentor que está disponible cuando mi vida está ardiendo y necesito ayuda de inmediato?

+ Cuando necesito ayuda con un proceso en mi organización, ¿a quién le pido consejo y apoyo?

+ ¿Cómo estoy construyendo mis relaciones más importantes hoy para que cuando me muera, al menos esas personas me recuerden y me extrañen?

No estoy sugiriendo que estas sean preguntas fáciles o divertidas para reflexionar, pero creo que son esenciales si los líderes quieren alcanzar su potencial más alto. Para mí, parte de este proceso es preguntar a los que tengo más cerca qué ven en mí. El autoengaño es una enfermedad crónica para todos nosotros. Seremos sabios si les pedimos una retroalimentación honesta a las personas en quienes confiamos, aunque a veces sea brutal.

> EL AUTOENGAÑO ES UNA ENFERMEDAD CRÓNICA PARA TODOS NOSOTROS. SEREMOS SABIOS SI LES PEDIMOS UNA RETROALIMENTACIÓN HONESTA A LAS PERSONAS EN QUIENES CONFIAMOS.

Algunas personas quizá se pregunten si enfocarse en nuestro crecimiento no es egoísta. No, no creo que sea egoísta en absoluto. Es obligatorio, especialmente si somos serios en seguir a Dios. Una autoevaluación rigurosa es un camino necesario hacia la humildad, la obediencia y la utilidad. Las Escrituras hablan mucho sobre su importancia. Estos son solo unos ejemplos del Nuevo Testamento:

+ Es bien sabido que Jesús nos advirtió: *"¿Por qué te fijas en la astilla que tiene tu hermano en el ojo, y no le das importancia a la viga que está en el tuyo? ¿Cómo puedes decirle a tu hermano: "Déjame sacarte la astilla del ojo", cuando ahí tienes una viga en el tuyo?* ¡Hipócrita!, saca primero la viga de tu propio ojo, y entonces verás con claridad para sacar la astilla del ojo de tu hermano" (Mateo 7:3-5).

✦ Pablo insiste en una vida bien examinada: *"No se amolden al mundo actual, sino sean transformados mediante la renovación de su mente. Así podrán comprobar cuál es la voluntad de Dios, buena, agradable y perfecta"* (Romanos 12:2).

✦ En una sobria invitación a examinar bien nuestro corazón, Pablo les dijo a los corintios: *"Examínense para ver si están en la fe; pruébense a sí mismos. ¿No se dan cuenta de que Cristo Jesús está en ustedes? ¡A menos que fracasen en la prueba!"* (2 Corintios 13:5)

✦ Santiago advierte que podemos oír la palabra de Dios, pero no dejar que nos cambie: *"No se contenten solo con escuchar la palabra, pues así se engañan ustedes mismos. Llévenla a la práctica. El que escucha la palabra, pero no la pone en práctica es como el que se mira el rostro en un espejo y, después de mirarse, se va y se olvida en seguida de cómo es"* (Santiago 1:22-24).

En un artículo de *Christianity Today*, Alannah Francis compara la necesaria reflexión con las revisiones médicas y dentales:

Como cristianos, la autoevaluación se convierte en una parte cada vez más importante de nuestra fe a medida que crecemos y maduramos espiritualmente. Así como las revisiones periódicas con los médicos y dentistas nos ayudan a cuidar de nuestra salud física, la reflexión regular sobre cómo estamos actuando según nuestra fe, y qué pasos debemos dar para remediar cualquier área de debilidad nos ayuda a ser más fuertes espiritualmente. También nos permite atajar problemas antes de que se nos escapen de las manos. Dios nos anima a mirar hacia adentro para identificar áreas de debilidad para que podamos tratarlas.[35]

Una gran parte de nuestra inclinación al autoengaño es el deseo natural de culpar a otros de nuestros errores y fallos. Queremos apuntar con el dedo a otro, a cualquiera, para no tener que hacer el duro trabajo de recalibrar nuestra vida. Yo he llegado a la conclusión de que solo una persona puede impedir que llegue a ser la persona que Dios quiere que sea. No son mis padres, ni Brenda, ni las personas de mi equipo, ni quienes han sido menos que sinceros o leales durante el curso de mi vida. La única persona que puede bloquear mi camino soy *yo*. Si dejo que las heridas del pasado o las decepciones actuales me detengan, les habré dado el poder que debería reservar para mí. Yo soy el responsable de caminar con Dios y confiar en que Él me cambie, me sitúe y me use de la forma que Él escoja.

MEJORA CONTINUA

Yo llevo el peso de la responsabilidad de liderar mi organización y mi equipo, pero no estoy solo. Continuamente pregunto:

+ ¿Qué o a quién necesito para poder crecer y desarrollarme?

+ ¿Quién puede entrar en mi vida para apoyarme mientras respondo a estas preguntas?

+ ¿Quién puede ser mi coach para ayudarme a dar los siguientes pasos?

Todos necesitamos a alguien. No es una opción. Conozco a un líder que ha formado un grupo con el que se junta una vez al mes y les ha pedido que le den retroalimentación sobre las preguntas hechas en este capítulo. Escogió a esas personas porque cada uno tenía dos cualidades: era sabio y estaba dedicado a él. Confía en

---

35. "8 Bible verses on the importance of self-examining your spiritual life", Alannah Francis, *Christianity Today*, 22 de junio de 2016, https://www.christiantoday.com/article/8-bible-verses-on-the-importance-of-self-examining-your-spiritual-life/88893.htm.

que ellos no tienen ninguna otra agenda, así que sus comentarios están libres de expectativas ocultas y manipulación. Les cuenta lo que hay en su corazón y con qué preguntas está luchando, y les dice: "Háblenme. Díganme sus honestas impresiones. No van a herir mis sentimientos. Y si lo hieren, se los diré de inmediato para que podamos procesar juntos el dolor. Confío en ustedes". Para él, esta reunión es un invernadero de crecimiento.

La mayoría de los líderes, imagino, prefieren secretamente la distancia emocional y personal creada por su posición de liderazgo. La distancia les hace sentir al menos inmunes, en cierto modo, a la retroalimentación. A fin de cuentas, ya han recibido suficiente retroalimentación negativa e inmerecida durante los años, así que el aislamiento emocional les hace sentir más seguros que exponerse. No estoy recomendando ser vulnerable con todos los que conocemos. Solo necesitamos unos pocos que tengan estas dos cualidades de sabiduría y lealtad. Te puedes sentir a salvo con ellos, lo suficientemente a salvo para dejar de ser Superman o La mujer maravilla y ser vulnerable.

Yo hablo a muchos miles de personas cada año, pero hay pocas personas que estén lo suficientemente cerca y sean lo suficientemente valientes para decirme: "Sam, esa ha sido una buena charla, pero podrías pensar en acortar el inicio, y yo consideraría añadir un punto bajo el título número tres". Cuando las personas hacen eso conmigo, sé que realmente están prestando atención, están pensando en profundidad y se preocupan lo suficiente por mí para darme una retroalimentación honesta.

ELEVAR EL TECHO

La mejora continua eleva el techo en cada área que tratemos. Si llevo un globo de helio a una habitación de mi casa y lo suelto, solo sube hasta el techo. Si es un techo de dos metros y medio, eso es lo máximo que puede subir. Pero si llamo a una empresa de reformas para que venga a mi casa y suba el techo hasta los cuatro metros, invertiré tiempo y dinero y será un caos durante un periodo, pero el globo puede subir más que antes. Permíteme preguntarte: ¿Qué estás haciendo para elevar tu techo?

+ Si tu rol te exige ser un experto en comunicación, ¿cuáles son los tres recursos que has utilizado recientemente para mejorar tus habilidades?

+ Si eres un CEO o pastor, ¿cuáles tres libros has leído recientemente o a cuáles conferencias has ido que han refrescado tu visión y te han dado nuevas ideas?

+ Si eres administrador de un proyecto, ¿cuáles son las tres herramientas que has usado recientemente para afilar tus talentos y hacerte más efectivo?

+ Si trabajas en mercadeo, ¿cuáles tres conceptos creativos, innovadores y filosos has visto o leído últimamente?

+ Si trabajas como asistente administrativo, ¿cuáles tres nuevos tipos de software, consejos o técnicas que hayas usado recientemente te hacen ser más eficaz?

+ Si eres líder de equipo o director de departamento, ¿cuáles tres ideas has obtenido en los últimos dos meses de libros o artículos que te hayan ayudado a ser un mejor líder?

+ Si tienes familia, ¿cuáles tres libros, blogs, artículos o podcasts recientes han afilado tu capacidad para amar más a tu cónyuge e hijos?

Quizá te preguntes: "¿Por qué formulas todas estas preguntas con un 'recientemente' o 'en los últimos meses'?". Lo digo así porque si tienes que pensar mucho en solo tres cosas que hayas hecho para mejorar tus talentos, ¡no estás haciendo lo suficiente para elevar tu techo!

Toda la naturaleza tiende a la arbitrariedad; los científicos lo llaman *entropía*. Nuestras empresas e iglesias no pueden ser todo lo que pueden ser si no inyectamos continuamente significado y orden, y las organizaciones pierden fácilmente el enfoque cuando los líderes no se mantienen afilados. La comodidad no es el objetivo de los grandes líderes. Son sabios si se hacen algunas buenas preguntas. Un artículo titulado "10 preguntas inteligentes que desafían la desviación hacia la irrelevancia" sugiere estas:

1. "¿Qué tenemos miedo de decir en voz alta?". ¿De qué formas estamos tanto nosotros como los miembros de nuestro equipo metidos en una ceguera intencional?

2. "Si no alcanzamos nuestra meta, ¿qué no habremos hecho?". ¿Cuáles son los agujeros en el proceso de planificación?

3. "¿Qué suposiciones dirigen nuestras decisiones?". Incluyendo suposiciones sobre el futuro, los mercados, nuestro equipo, etc.

4. "Si nos reemplazaran mañana, ¿qué haría el nuevo equipo?". Piensa como si fueras nuevo en el trabajo.

5. "¿Quién está infrautilizado?". ¿Quién tiene talentos, pero no los está usando, sea por la razón que fuere?

6. "¿Qué estamos haciendo que no está funcionando lo bien que solía funcionar?". ¿Qué procesos hay que mejorar y cuáles se tienen que desechar?

7. "¿Qué resultados cumplen mejor nuestra visión y justifican nuestra existencia?". ¿Qué métrica es la que realmente importa?

8. "Si supiéramos que no vamos a fallar, ¿qué es lo siguiente que haríamos?". ¿Cuál es el sueño "dorado" para la compañía o la organización?

9. "¿Cómo podríamos crear nuestras propias frustraciones?". ¿Qué sistemas reducen tensión y cuáles causan más problemas de los que resuelven?

10. "¿Qué es la cosa más fácil que podríamos hacer hoy para mover la pelota hacia delante?". Piensa de forma creativa y estratégica: ¿qué única decisión puede tener el mayor impacto?[36]

Estas preguntas nos mueven a mirar con más intención, a ver más claramente, a pensar de manera más perceptiva, y a ser despiadadamente honestos para poder revertir el tobogán hacia la irrelevancia. Cuando las tratemos, casi con toda seguridad veremos que tenemos que hacer algunos cambios y adquirir nuevas habilidades para poder mantenernos en lo alto de nuestra cambiante cultura.

> CUANDO UNA ORGANIZACIÓN CRECE, EL CEO DEBE ADQUIRIR NUEVAS HABILIDADES PARA DIRIGIR UN SISTEMA MÁS GRANDE Y MÁS COMPLEJO.

NUEVAS CAPACIDADES

Alvin Toffler, el autor de *Future Shock* (Shock futuro), comentó: "Los analfabetos del siglo XXI no serán los que no sepan leer o escribir, sino los que no sepan aprender, desaprender y reaprender". Si elevamos el techo, necesitaremos muebles nuevos que vayan a la par con la nueva medida. De forma similar, cuando una organización crece, el CEO debe adquirir nuevas habilidades para dirigir un sistema más grande y más complejo. Algunos que nutrían en las primeras etapas cuando había solo un puñado de empleados

---

36. "10 Smart Questions that Challenge the Drift toward Irrelevance", *Leadership Freak*, 5 de junio de 2016, https://leadershipfreak.blog/2016/06/25/10-smart-questions-that-challenge-the-drift-toward-irrelevance.

tienen que aprender a reunir y ampliar la sala para que quepan más personas.

Es mucho más difícil desaprender que aprender. Cuando yo era joven, aprendí por mí mismo a tocar varios instrumentos musicales, incluyendo el saxofón, la guitarra, el teclado y el acordeón. No tenía dinero suficiente para dar clases, así que me fijaba en otros y hacía lo que podía para emularles. Años después, cuando pude permitirme tomar clases de un profesional, me costó muchísimo desaprender los patrones de los dedos que había usado durante años. Aprendí yo solo a jugar al golf y mi swing hoy es muy parecido al que usaba al principio. Las clases que he tomado no me han ayudado mucho. No importa cuánto lo intentara mi instructor, mi memoria muscular luchaba en mi contra. Esto no es una excusa para la mediocridad, pero esta verdad forma una expectativa razonable de la dificultad de cambiar hábitos de toda una vida.

Como parte de nuestra evaluación de capacidades, tendremos que mejorar las que son productivas y nos impulsan hacia el futuro y eliminar las que no. Hace unos años, mientras pensaba en mi futuro, me di cuenta rápidamente de que necesitaba mejorar mi capacidad de entrenar líderes, mis habilidades de escritura y mi destreza en la oratoria. Cualquier cosa que compitiera con estas prioridades tenía que ser eliminada de mi lista de prioridades. No hablo en conferencias de mujeres, reuniones de hombres o retiros de matrimonios… a menos que un buen amigo mío me lo pida. Estoy estrechando mis respuestas "afirmativas" y ensanchando las "negativas". No es fácil, pero es necesario.

La eliminación es esencial para el crecimiento. Tienes que soltar para subir. No puedes llegar nunca a la segunda base si mantienes tu pie constantemente en la primera. Colón tuvo que perder de vista España para poder encontrar el Nuevo Mundo.

ELIMINAR EL DESORDEN Y LAS "COOKIES"

Hace unos años, mi computadora, de manera inesperada (y frustrante), se enlenteció muchísimo. Llamé a alguien para que la arreglase. Cuando llegó, me hizo una pregunta un tanto extraña: "¿Cuándo fue la última vez que desfragmentó su computadora?".

Yo pensé que él estaba maldiciendo, pero no parecía enojado en absoluto. "Des... ¿qué?", pregunté yo.

Él se rió. "Imagino que eso significa 'nunca'".

Yo asentí. Estaba a punto de aprender una lección. Él me explicó: "Es como si yo abro su armario y veo todos sus pantalones, camisas, trajes, cinturones y zapatos por todas partes. La desfragmentación pone todas las camisas blancas juntas en las perchas, todas las camisas azules en un lugar, todos los pantalones bien colgados en su lugar, todos los trajes en otra zona, los cinturones en sus perchitas y los zapatos bien colocados en el piso. Todo está en su lugar".

Entonces lo entendí. Él comenzó a utilizar algunos programas de diagnóstico. Tras un rato, me miró e hizo otro extraño comentario: "Tiene demasiadas cookies". Entonces recibí mi segunda lección del día sobre cómo las páginas web dejan cookies en mi computadora para poder dejar un registro de cómo uso sus sitios y actualizar las páginas. De hecho, son memorias de dónde hemos estado en la Internet. Él desfragmentó mi computadora y borró las cookies.

En cada interacción cada momento del día, las personas dejan "cookies" en nuestra mente y en nuestro corazón. Son comentarios, gestos y expresiones faciales que se quedan en el mecanismo interno de nuestra alma. Pueden dejar mensajes positivos y de ánimo, o pueden dejar una pizca (o más que una pizca) de duda o temor. Si no desfragmentamos nuestra mente y eliminamos los mensajes negativos, esas cosas se acumulan y provocan todo tipo

> ¿QUÉ "COOKIES" OCULTAS DE TEMOR O DUDA DEBES IDENTIFICAR Y ELIMINAR DE TU VIDA?

de problemas. Una o dos no producen mucho daño, pero decenas, o cientos, o miles de ellas, si no se reconocen y se dejan sin atender, pueden arruinar algo más que nuestro día.

¿Qué "cookies" ocultas de temor o duda debes identificar y eliminar de tu vida? No tengas piedad a la hora de analizar tu vida y tu carrera para ver lo que tiene que mejorar y qué tienes que eliminar o desfragmentar para poder ser todo lo que estás destinado a ser.

MIRA HACIA ATRÁS, MIRA HACIA DELANTE

Al pensar en lo que podría impedirnos cumplir nuestro destino, es útil echar un vistazo a nuestro pasado para ver cómo las decisiones importantes han dado forma a nuestra vida. Alguien me sugirió que identificara los puntos de inflexión más importantes de mi vida. Cada uno somos, me dijo esa persona, el producto de esas pocas –quizá cuatro o cinco– decisiones. De una forma o de otra, todo lo que hemos llegado a ser y todo lo que hemos hecho depende de esas pocas decisiones cruciales. Cuando recuerdo mis pensamientos y sentimientos en torno a estos eventos, tengo más perspectiva para pensar claramente en las decisiones que tengo que tomar en el futuro. Soy el producto de cuatro decisiones clave:

1. Emigrar a los Estados Unidos.

2. Mi decisión de casarme con Brenda.

3. Aceptar la oferta de ser presidente de un seminario cristiano, que se convirtió en universidad.

4. Abandonar la universidad para ir en pos de una carrera a tiempo completo de desarrollo de liderazgo.

La trayectoria de nuestra vida ha sido moldeada por unas pocas decisiones, pero muy importantes. Si alguna de ellas hubiera sido distinta, nuestra vida estaría en un camino alterado. Podemos mirar hacia atrás con cariño y gratitud a la mayoría de esos momentos, pero puede que tengamos una mezcla de sentimientos por algunos de ellos. Aun así, abrieron puertas y cerraron puertas. Nos pusieron en relaciones con personas que significan mucho para nosotros y nos exigieron aprender las lecciones más duras de nuestra vida. Estas lecciones, creadas en el horno de las dificultades así como en las tierras soleadas de nuestros mayores gozos, nos han impulsado hacia delante para encontrar más significado del que podríamos haber imaginado cuando éramos jóvenes.

¿Y SI...?

Irónicamente, una de las preguntas más comunes que nubla el pensamiento de los líderes y les impide estar "plenamente presentes" en sus funciones es el temor excesivo sobre su futuro. La mayoría de ellos no tienen ningún plan sólido sobre lo que ocurrirá cuando dejen su puesto, y la ausencia de un plan crea confusión y distracciones. Las preocupaciones sobre el futuro consumen su pensamiento y no disfrutan de esos últimos años porque viven con preocupaciones crónicas de bajo grado. Aquello en lo que pensamos, lo provocamos, y lo que nos obsesiona, nos lo imaginamos, ya sea un futuro glorioso o doloroso.

> AQUELLO EN LO QUE PENSAMOS, LO PROVOCAMOS, Y LO QUE NOS OBSESIONA, NOS LO IMAGINAMOS, YA SEA UN FUTURO GLORIOSO O DOLOROSO.

Cada líder tiene que anticipar dos tipos de eventos de sucesión: planificada y catastrófica. Los líderes sabios comienzan a ver su transición años antes de planificar jubilarse o pasar a otra carrera. Muchos líderes, especialmente los que establecieron una iglesia o fundaron una compañía y la han visto crecer durante muchos años, rehúsan tan siquiera pensar en irse. Se quedan merodeando más de lo que son capaces y la organización declina en sus últimos años. ¡No dejes que eso les suceda a ti y a tu organización!

> EL MEJOR LEGADO QUE PUEDES DEJARLE A TU ORGANIZACIÓN ES ORQUESTAR UNA SUAVE TRANSICIÓN DE PODER.

Un plan de sucesión tiene puntos de referencia, líneas de tiempo, narrativa, tareas y niveles concretos de participación y desvinculación. No esperes hasta que tu consejo directivo o tu plantilla te obligue a pensar en la sucesión. Comienza a trabajar en un plan muchos años antes, busca líderes ejemplares dentro de tu organización, e involúcrate en reclutar talento de calidad. El mejor legado que puedes dejarle a tu organización es orquestar una suave transición de poder. Este plan es mucho mejor para tu salud mental, para tu familia, para tu equipo, para el nuevo líder y para cualquiera que se beneficie de lo que ofrece tu organización.

En un artículo sobre "Contratación efectiva: Cómo presentar un nuevo liderazgo a un equipo", Robin Ahn aporta sugerencias útiles para un cambio de liderazgo. Ella recomienda un periodo de transición solapado en el que el nuevo CEO trabaja bajo el líder existente durante un periodo de tiempo, quizá un año. Esto les da a las personas en la organización tiempo para conocer al nuevo líder y permitir una buena salida del que se va.

Ahn recomienda que el nuevo contratado sea consciente de que es posible que haya cierta resistencia al cambio en algunos miembros clave del equipo; de hecho, puede que alberguen temores pensando que el nuevo líder no les va a apreciar. Un periodo de transición más largo aporta tiempo para formar relaciones, hablar de los papeles y expectativas, y calmar ansiedades. Durante este tiempo, el nuevo líder puede articular claramente las expectativas y la métrica del éxito: para la organización, para cada departamento y para cada persona del equipo de liderazgo.

Ahn señala varias compañías que crearon un plan para los primeros cien días. Un nuevo CEO dijo que él planificó reunirse con diez personas de ventas y diez grandes clientes para tener una mejor idea del servicio al cliente. Ahn concluye:

> Encontrar el liderazgo correcto para su empresa [o iglesia] es un gran reto, y conseguir que se ajuste a su cultura corporativa no es siempre fácil. Sin embargo, estas no son tareas insuperables. Muchas compañías no solo sobreviven, sino que mejoran cuando entra un nuevo liderazgo.[37]

Pero a veces, los líderes sufren catástrofes: problemas repentinos de salud, accidentes, fallos morales, desviación doctrinal y cualquier otro evento inesperado que efectivamente saca a la persona del rol de liderazgo. Por supuesto, nadie quiere pensar en un cese repentino del liderazgo, pero los líderes sabios piensan en esto cuando parece muy improbable, como ahora.

Pase algún tiempo con su consejo directivo y líderes principales trazando un plan tentativo para lo desconocido. Es como una pareja que tiene una última voluntad y testamento; no tienen planeado morirse pronto, pero lo han preparado para sus hijos al margen de lo que ocurra. Yo les digo a los líderes que los únicos

37. "Effective Onboarding: How to Introduce New Leadership to a Team", Robin Ahn, Workilogy, 17 de octubre de 2016, https://workology.com/effective-onboarding-how-to-introduce-new-leadership-to-a-team.

que no necesitan un plan de sucesión catastrófico son los que saben exactamente cuándo van a sufrir una catástrofe. Ellos entienden el sarcasmo de la frase y espero que les mueva a la acción.

HAZ SIEMPRE BUENAS PREGUNTAS

He observado que los grandes líderes invariablemente hacen buenas preguntas. Al llegar al final de cómo pensar con más claridad y eficacia, considera al menos algunas de las mejores preguntas que he leído de destacados líderes:

+ ¿Qué trofeo queremos a nuestras espaldas?

+ ¿Cómo podemos llegar a ser la compañía que nos desbancaría?

+ En los últimos meses, ¿cuál es el cambio más pequeño que ha producido el mayor resultado positivo?

+ ¿Qué es lo que sí cuenta que no estamos teniendo en cuenta?

+ ¿Estamos prestando la suficiente atención a los socios de los que depende el éxito de nuestra organización?

+ ¿Qué me impide hacer los cambios que tengo que hacer para convertirme en un líder mejor?

+ ¿Estamos al día con los cambios del mundo que nos rodea? ¿Cómo podemos saberlo?

+ Si nadie se enterase nunca de mis logros, ¿afectaría mi manera de liderar?

+ ¿Qué probabilidades hay de que un cliente o visitante nos recomiende?

+ ¿Cuál es esa palabra que queremos que se quede en la mente de nuestros clientes, empleados y socios?

+ ¿Qué deberíamos dejar de hacer?

+ Si nuestro consejo directivo me despide y trae a un nuevo CEO, ¿qué haría distinto esa nueva persona?

+ ¿Qué es lo que no vimos en la entrevista en la peor contratación que hemos hecho jamás?

+ ¿De qué manera afecta a la cultura organizacional mi manera de pensar y procesar la información?

+ ¿Decimos "no" a los clientes sin razón alguna?

+ ¿Por qué deberían escucharme las personas?

+ ¿Qué actividad exitosa hoy nos está cegando para no ver las nuevas oportunidades de crecimiento?

+ ¿Cómo animo a las personas a asumir más responsabilidad?[38]

SÉ TODO LO QUE PUEDAS SER

Los líderes que inspiran me empujan a pensar mejor. Solo si pienso mejor puedo subir más alto, bucear más profundo, y tener un mayor impacto sobre las personas que me rodean. Al final de este libro, no voy a darte tres pasos para hacer esto o aquello. Solo quiero invitarte a unirte a mí en la búsqueda de un pensamiento más claro y más expansivo. Durante el resto de tu vida, te animo a:

+ Cuestionar tus suposiciones.

+ Desafiar tus certezas.

+ Hacer segundas y terceras preguntas.

+ Aceptar la ambigüedad y el proceso de cambio.

+ Enseñar a las personas estos principios.

---

38. Estas preguntas fueron adaptadas de "100 Great Questions Every Entrepreneur Should Ask", Leigh Buchanan, *Inc.*, 31 de marzo de 2014, https://www.inc.com/magazine/201404/leigh-buchanan/100-questions-business-leaders-should-ask.html.

PARA PENSAR...

1. ¿Cuán cómodo estás con la autoevaluación? ¿Diría tu cónyuge o tu mejor amigo que estás cómodo con la autoevaluación? Explica tu respuesta.

2. ¿Cuáles tres cosas has estado haciendo (o tienes que hacer) para elevar el techo de tu liderazgo?

3. ¿Qué talentos necesitas mejorar encontrando un entrenador u otros recursos? ¿Qué diferencia marcará esto en tu vida y tu carrera?

4. ¿Qué necesitas desfragmentar?

5. ¿Cuáles son tus cuatro o cinco decisiones más importantes? ¿Cómo han moldeado la trayectoria de tu vida?

6. Sin importar cuánto tiempo hayas estado en tu puesto, ¿cuáles son tus planes de sucesión planeada y catastrófica? ¿Qué harás para afinarlas?

7. ¿Qué puedes hacer para aprender a plantear mejores preguntas?

8. ¿Qué has aprendido de este libro? ¿Cómo aplicarás esas lecciones?

APÉNDICE:
MANUAL DE USUARIO DEL PERSONAL

PARA RELACIONARSE EFICAZMENTE CON
EL PASTOR ROB KETTERLING
IGLESIA RIVER VALLEY

[Este es el instrumento que usa el pastor Rob para ayudar a su equipo a entenderlo y comunicarse con él con más eficacia. Úsalo como un ejemplo y adáptalo de la forma que mejor funcione para ti y las personas que se relacionan contigo]

ASÍ ES COMO PIENSO:

Todo es posible. Soy optimista. Pienso que lo mejor aún está por venir.

Mi mente siempre está pensando en todo tipo de cosas diferentes y en todo tipo de direcciones distintas.

Pienso en ser multitarea, multifacético y en múltiples ángulos. Entiendo que siempre hay más de lo que puedo ver.

Me encanta pensar en la línea de "Posibilidad - ¿Por qué no? – Quizá Dios – ¡Hagámoslo!".

Deja de poner excusas, ¡y hagamos que suceda algo!

Pienso con antelación. Tengo que estar por delante del equipo porque soy el líder.

Pienso en segmentos: ahora mismo, hoy, esta semana, este mes, este año, en los próximos diez años.

ASÍ ES COMO ME GUSTA QUE SE HAGAN LAS COSAS:

Me gusta que las cosas se hagan a tiempo, con excelencia y con un giro añadido. Me gusta que las cosas se hagan con un valor extra añadido y de forma intencional.

¿CÓMO PUEDES DAR NUEVAS IDEAS SIN DERRIBAR IDEAS PREVIAS?

Usa dos palabras: "¿Y si?".

Si dices: "No estoy seguro de que esta sea la mejor manera de hacerlo", eso conduce a estar a la defensiva.

Tráeme varias posibilidades. ¿Hay más posibilidades en cuanto a la forma en que estamos haciendo algo? ¡Amplía nuestro pensamiento!

También usa las palabras: "¿Qué te parecería…?".

Desarrollémoslo y mejorémoslo, sin eliminar lo que había.

Creo que tener muchas posibilidades significa que todos estamos intentando mejorarlo.

Cuando aportas una idea a las personas, tienes que mostrar primero el problema para que ellos sepan que necesitamos una solución.

Cuando me traigas una idea, tienes que mostrarme primero las posibilidades.

¿CÓMO ASCIENDES A LAS PERSONAS?

Yo asciendo a las personas…

…cuando recibo todo un círculo completo de retroalimentación.

…cuando observo que lo hacen bien, sus líderes dicen que lo están haciendo bien, sus iguales dicen que lo están haciendo bien y sus seguidores dicen que lo están haciendo bien.

…cuando reconozco un don con el tiempo y la oportunidad correctos.

Cuando todos estos factores se juntan rápidamente, podemos expeditar el ascenso.

Algunas personas piensan que lo único que tienen que hacer es halagar al líder, pero eso no te dará un ascenso.

Algunas personas reciben un ascenso por fidelidad, y una posición que se abre puede darles una oportunidad.

¿CÓMO MIDES Y DEFINES EL ÉXITO?

Yo mido el éxito por los resultados, pero debo tener cuidado de que esto no me haga pasar por alto las deficiencias de carácter. A veces he pasado por alto las deficiencias de carácter en personas hábiles y eficaces. A la larga, tengo que ver resultados que vayan de la mano con la integridad.

Mido el éxito por el número de personas a los que llevas contigo en tu viaje. Si estás agitado por el equipo de trabajo y los voluntarios, eso es una preocupación real para mí. Muéstrame que tienes tiempo para respirar y crecer debido a todas las personas que te están ayudando.

Mido el éxito en longevidad, no solo que hayas sobrevivido, sino que mejoraste en tu ejercicio.

Mido el éxito por las personas que hacen lo que se supone que deben hacer.

El éxito está en el "¡sí!". ¿Dijiste "sí" y cumpliste el "sí"?

El éxito no está en el número, sino en el "sí".

El éxito es el canal de líderes que tienes por debajo de ti.

Quiero que te quedes durante cuatro años. Espero que te quedes diez, y me encantaría que te quedaras toda una vida.

PERSONAS A LAS QUE PRESTO ATENCIÓN:

Todo aquel que nos esté ayudando a llevar la carga. No te prestaré atención si no nos vas a ayudar a llevar la carga. Puedes llevarla económicamente, mediante el liderazgo o mediante el servicio.

¡Quiero prestar atención a las personas que están levantando esta carga!

Si tengo una noche libre, quiero dársela a las personas que están dirigiendo y levantando.

¿QUÉ ES IMPORTANTE PARA TI?

Honestidad y lealtad, todo líder quiere lealtad. Puedes hacer preguntas, pero examina tu espíritu antes de preguntar. Pregunta con el espíritu correcto.

No hay tal cosa como "frases para descartar". Cualquier cosa que digas viene de algún lugar de tu corazón.

No me gustan las sorpresas. Si hay información que necesito (gran información), prefiero saberlo ahora que recibir la sorpresa de descubrirlo después.

CÓMO RELACIONARSE CON MI FAMILIA:

Le dije al principio a la iglesia: "Se pueden olvidar de mi cumpleaños, ¡pero no se olviden del cumpleaños de mi esposa Becca!". Yo respondí al llamado de Dios de formar esta iglesia. Si alguien le falta el respeto a mi familia, capta mi atención y mis defensas se levantan.

Quiero que las personas honren a mi familia, pero no me gustaría la adulación y el apaciguamiento. Busco una honra auténtica.

Siempre que hables de mi familia, no puedes "retirar" lo que dijiste, ¡así que ten cuidado!

Oro para que yo nunca sea el que le guiñe el ojo al pecado en mi familia, como hizo Elí con sus hijos, Ofni y Finés.

Si me vas a traer algún asunto sobre mi familia, hazlo de la forma más discreta posible. Intentemos lidiar con eso y no difundamos chismes e información imprecisa.

Honra a Becca por su sacrificio.

¿CÓMO QUERRÍAS QUE ALGUIEN DE TU EQUIPO TE DIJERA QUE QUIERE EMPEZAR UNA IGLESIA?

Estamos en un entorno donde no queremos ser la última iglesia establecida. ¡Creemos que siempre hay espacio para más!

Comienza con esto: "Estamos bajo tu autoridad, y tenemos la inquietud de comenzar una iglesia".

Después, yo miraré el reloj: ¿Cuánto tiempo ha estado aquí esa persona, etc.?

Después, miraré la pista: ¿Cuánto tiempo hasta el despegue?

Mantén los planes en un círculo reducido de tu familia y amigos cercanos. Si cientos de personas se enteran, abrirás el plan demasiado y limitarás las opciones.

Quiero estar enterado del proceso pronto, y quiero saber la fecha más flexible de inicio posible.

ESTAS SON ALGUNAS PAUTAS:

No hagas nada que confunda al cuerpo de Cristo.

Intenta proteger la unidad de esta iglesia y las iglesias de la zona donde quieres plantar.

Honra a las otras iglesias de la zona.

¿CÓMO QUISIERAS QUE ALGUIEN TE DIJERA QUE SE QUIERE IR?

No vamos a tener a todo el mundo para siempre. Esperamos un mínimo de cuatro años, esperamos que se queden diez y estaremos felices con toda una vida.

Del mismo modo que las personas confiaron en nosotros para contratarlos, esperamos que confíen en nosotros para ayudarles a saber cuándo es el momento de irse.

No todos se quedarán para siempre, pero todos pueden irse bien.

¿CUÁN IMPORTANTE ES PARA TI SABER DÓNDE NOS VEMOS DENTRO DE CINCO AÑOS?

A muchas iglesias no les gusta saber lo que las personas quieren hacer en el futuro, ¡pero a mí me encanta!

Yo quiero saber lo que hay en tu corazón. No nos mientas sobre los planes de irte de este lugar. Sé honesto y di la verdad.

Soy suficientemente maduro para saber que los planes cambian, y Dios puede ajustar tu trayectoria.

Usa frases como: "Siento que Dios me está dirigiendo ahí".

Pregúntame cómo el equipo puede prepararte para el siguiente movimiento, porque la preparación puede ser un proceso de entre dos y cinco años.

¿CÓMO QUISIERAS QUE ALGUIEN COMPARTIERA UN DESAFÍO CONTIGO?

Quiero que vengan aparte conmigo si quieren compartir un desafío personal o desafiar algo que estoy haciendo en River Valley Church.

Lo más grande que un líder está pensando durante un desafío es: "¿Cuál es el tamaño del círculo?". ¿Esta persona está compartiéndome una preocupación, o está siendo desleal?

Deberías mostrar tu lealtad diciendo con honestidad: "¡Amo esto lo suficiente como para desafiarlo!".

Es una declaración de guerra decir: "Muchas personas han estado hablando…". Yo querré saber quiénes ¡para poder echar fuera al enemigo! Así que no uses esta frase.

Cuando me desafíes, esta es una buena manera de expresarlo: "Hay esto en mi corazón. No conozco el cuadro completo, y no lo entiendo. Por favor, ayúdame".

Siempre acude a la persona a quien rindes cuentas a menos que hayas ido a esa persona las veces suficientes con poco o ningún resultado. Entonces es apropiado acudir a la siguiente persona por encima en la cadena de autoridad. La persona sobre ti no puede ayudarte si lo saltas.

PRINCIPIOS IMPORTANTES DE PARTICIPACIÓN: ESTAR DE ACUERDO – APOYAR - ALINEARSE

Cuando salimos de la sala tras haber tomado una decisión, necesitamos que todos apoyen la decisión. No tienes que estar de acuerdo con la decisión. Puedes pensar: "Yo no estoy de acuerdo con ello, pero lo apoyo". Es desleal irse de la reunión y decirles a todos: "No me gusta la decisión". Eso rompe al equipo.

El acuerdo es lo que se espera. El apoyo es lo que se necesita.

No sabotees. Puedes sabotear una decisión y a un líder con la falta de entusiasmo, dejando que las personas sepan que votaste contra una decisión, o no dando todo tu esfuerzo.

¿CÓMO DEBERÍAS RESPONDER CUANDO COMETAS ERRORES?

Cuando cometas errores, admítelos. No espero que seas perfecto, pero espero que seas consciente y honesto.

Cuando cometas un error, no des una disculpa tan breve que las personas ni siquiera puedan sentir que lo lamentas.

¡Dime todo lo que estás dispuesto a hacer para resolverlo! ¡Puedes ayudar a tu propia recuperación pensando tus propias soluciones!

Da tiempo a tu equipo para que sienta el dolor del error.

* Admite que estás equivocado.
* Deja que lo asimilen.
* Continúa.

Adquiere la misma táctica con tu equipo en tu manera de gestionar los errores de ellos.

CÓMO ME COMUNICO:

Emails

Viñetas y respuestas que requieren una corta respuesta de mi parte.

Mensajes

Estos no son intrusivos en absoluto. De hecho, esto me gusta más porque es corto, es inmediato y después se terminó.

Llamadas de teléfono

Llama si es divertido o si tienes una emergencia.

En persona

Necesito que tu parte no verbal esté en sintonía con tus palabras. Puedo leer tus mensajes no verbales ¡mejor de lo que crees!

¿CÓMO PUEDO PASAR MÁS TIEMPO CONTIGO?

¡Tienes que entrar en mi plan de vuelo! Ve donde yo voy. ¡Sé proactivo y sé positivo! Todo líder quiere pasar tiempo con su equipo, pero a veces las limitaciones del tiempo no lo permitirán.

PENSAMIENTOS VARIOS

El golf es mi pasatiempo favorito.

Mi esposa bromea diciendo que soy el "hombre sí". Por lo general, digo que "sí" a todo, ¡y esas cosas tienden a convertirse en ilustraciones para los sermones!

Mi lenguaje de amor es el de palabras de afirmación.

Odio comer solo.

Me encanta viajar.

¡Creo en dar segundas oportunidades a las personas!

ACERCA DEL AUTOR

La singular visión de Sam Chand para su vida es ayudar a otros a tener éxito. Autor prolífico y renombrado consultor internacional, habla regularmente en conferencias de liderazgo, corporaciones, mesas redondas de empresas, seminarios y otras oportunidades de desarrollo de liderazgo.

El haberse criado como hijo de pastor en India ha equipado a Sam de manera excepcional para compartir su pasión para mentorear, desarrollar e inspirar a líderes a romper todos los límites. Le han llamado un liberador de sueños, arquitecto del liderazgo y estratega del cambio.

En la década de 1970, como estudiante en Beulah Heights College, Sam trabajó como conserje, cocinero y lavando platos para pagarse sus estudios. Regresó en 1989 como presidente, y bajo su liderazgo, Beulah Heights University se convirtió en la universidad predominantemente afroamericana más grande del país.

Sam tiene un doctorado honorario en Humanidades de Beulah Heights University, un doctorado honorario en Divinidades de Heritage Bible College, una maestría en Consejería Bíblica de Grace Theological Seminary, y una licenciatura en Educación

Bíblica de Beulah Heights. Ha sido mentor de líderes en iglesias y ministerios, así como en el inicio de corporaciones internacionales y nuevas empresas. Fue nombrado uno de los principales treinta gurús globales del liderazgo en www.leadershipgurus.net.

Sam ha escrito más de una decena de libros sobre liderazgo, incluyendo *Inspira*, *Liderazgo acelerado*, *¿Quién sostiene tu escalera?*, *¿Qué mueve tu escalera?* y *Liderazgo práctico*.

Para más información o para contactar con Sam, por favor visita www.samchand.com.

www.ingramcontent.com/pod-product-compliance
Lightning Source LLC
Chambersburg PA
CBHW070351200326
41518CB00012B/2200